Rudolf Hagelstange:
Und es geschah zur Nacht ...
Mein Weihnachtsbuch

Mit Holz- und Linolschnitten von
Frans Masereel und
Eduard Prüssen

D1929393

Deutscher
Taschenbuch
Verlag

dtv

Von Rudolf Hagelstange
sind im Deutschen Taschenbuch Verlag erschienen:
Spielball der Götter (411)
Altherrensommer (812)
Venus im Mars (1025; auch dtv großdruck 2534)
Der General und das Kind (1222)
Reisewetter (1272)
Zeit für ein Lächeln (1321)
Der schielende Löwe (1353)
Der große Filou (1431)
Tränen gelacht (1513)

Ungekürzte Ausgabe
November 1980
Deutscher Taschenbuch Verlag GmbH & Co. KG,
München
© Rudolf Hagelstange
© 1978 Paul List Verlag GmbH & Co. KG, München
ISBN 3-471-77838-1
Umschlaggestaltung: Celestino Piatti
unter Verwendung eines Holzschnittes von Franz Masereel
Gesamtherstellung: C. H. Beck'sche Buchdruckerei,
Nördlingen
Printed in Germany · ISBN 3-423-01595-0

Das Buch

Immer wieder ist Rudolf Hagelstange, der einem bewußt christlichen Elternhaus entstammt, in seinem lyrischen und erzählerischen Werk auf das »sanfte Gesetz« des Kindes von Bethlehem eingegangen und hat die Epiphanie dessen beschworen, in dem die Christenheit ihren Gesetzgeber, Messias und Erlöser feiert. In seinen heiteren und besinnlichen Erzählungen, Betrachtungen, Gedichten und Legenden wechseln die zeitlichen und räumlichen Perspektiven: die Stimme des ungeborenen Christus wird aufgenommen von der des verkannten und gepeinigten Menschen von heute; die Not der obdachsuchenden Maria spiegelt sich wider in jener der niederkommenden italienischen Gastarbeiterin. Hagelstange deutet an, warum es gerade »müßige« Hirten waren, denen der Bote des Himmels erschien, und er läßt einen von ihnen berichten, was in dieser Nacht geschah. Wir begegnen den Weisen und Gottsuchern, einmal im Traum eines heutigen Gelegenheitsarbeiters und zum anderen in den Gestalten der alten fünf Sterndeuter, von denen nur drei den Weg fanden. – Ein sehr persönliches, engagiertes und mit Humor geschriebenes Buch.

Der Autor

Rudolf Hagelstange, geboren am 14. 1. 1912 in Nordhausen/Harz, war zunächst Feuilletonredakteur, wurde 1940 Soldat und lebt heute als freier Schriftsteller in Erbach. Er unternahm ausgedehnte Reisen nach Süd- und Nordamerika, Südostasien, Indien, Japan, in die UdSSR, in den Nahen Osten. Werke: ›Spielball der Götter‹ (1959), ›Altherrensommer‹ (1969), ›Der große Filou‹ (1976), Romane; ›Die Puppen in der Puppe‹ (1963), ›Der schielende Löwe‹ (1967), Reiseberichte; ›Zeit für ein Lächeln‹ (1959), ›Alleingang. Sechs Schicksale‹ (1972), ›Reisewetter‹ (1975), ›Tränen gelacht. Steckbrief eines Steinbocks‹ (1977), ›Der sächsische Großvater‹ (1979), Prosa; ›Venezianisches Credo‹ (1945), ›Lied der Jahre‹ (1964), ›Gast der Elemente‹ (1972), Lyrik; ›Spiegel des Narziß‹ (1980), Theaterstück.

Mit diesem Titel wird die Reihe List Taschenbücher
im Deutschen Taschenbuch Verlag weitergeführt

Inhaltsverzeichnis

Advent

Der Heiden Heiland, kommt er bald?
Schon steht entlaubt der ganze Wald.
Der junge Wein träuft aus dem Spund.
Die Fische tauchen auf den Grund.

Kann ein Kamel durchs Nadelöhr ...?
Wie – wenn er diesmal sich verlör?
Die Welt ist arg, die Zeit ist schlecht.
Da käm ein Heiland also recht!

Ob gut, ob arg, ob eng, ob weit, –
er kommt gewiß. Es ist die Zeit.
Seht her: das erste Lichtlein brennt.
Ich spür ihn schon. Es ist Advent.

Die Ankunft des Menschen

Wenn wir von den Kindern absehen, für die das Weihnachtsfest ein nahezu ins Märchenhafte reichendes Erlebnis ist, und dem nachspüren, was alle Menschen – gleich, ob sie sich zum Christentum bekennen oder in seiner Überlieferung nur eine freundlich-fromme Allegorie sehen – dazu veranlaßt, sich so angelegentlich auf dieses Fest zu freuen und vorzubereiten, werden wir, bei aller Skepsis dem sogenannten modernen Menschen gegenüber, auch an seiner Haltung Züge entdecken, die außergewöhnlich sind und für einen Augenblick das Bild, das wir von ihm haben, zum Vorteilhaften verändern können.

Für einen Augenblick, – das bedeutet freilich eine Einschränkung. Aber: weil dieser »Augenblick« alljährlich wiederkehrt und trotz aller Abnutzung immer wieder eine gewisse Spontaneität offenbart, wiegt er doch schwerer und verrät mehr vom Wesen des Menschen, als wir erwarten möchten.

Gewohnt, die menschlichen Motive in ihrer Mehrzahl mit Gesichtspunkten des Nutzens verknüpfen zu dürfen, entdecken wir plötzlich an unseren Mitmenschen einen Eifer zur vorbehaltlosen Wohltat, zur Zuvorkommenheit, zur liebevollen Überraschung. Mit dem ersten Licht, das den Adventskranz belebt, erwacht eine oft vermißte Wärme im Herzen des Menschen. Es mag zunächst nur liebgewordene Sitte sein, althergebrachter Brauch, die da stimulierend wirken. Aber mit jedem neuentzündeten Lichte gewinnt doch ein anderes Oberhand: die Empfindung, von einer weither kommenden, mächtig anlaufenden Woge erfaßt zu sein, die nicht nur Sand aufwühlt, sondern auch verändert. In den Deich des Egoismus, der Selbstzufriedenheit, reißt sie Breschen. Was aber durch diese Breschen einströmt, ist mehr als »Wasser«. Es ist – Element. In diesen Wochen des Advents, die Ausschau hielten nach dem Gotteskinde, bereitete sich auch die Ankunft des Menschen vor. Er, der Erlösung immer vom Irdischen und Zweckmäßigen her sucht und darum sein Schicksal nicht meistert, entdeckt sich in diesen Tagen und Wochen gleichsam neu. Er, der die Macht abgöttisch verehrt und dadurch immer tiefer vom Strudel des Geschichtlichen in die Niederungen gerissen wird, entdeckt plötzlich die Macht des Ohnmächtigen, die Gewalt der Liebe wieder. Und er entdeckt sie als seinen eigentlichen Teil. Er wird es plötzlich inne, daß seinen Unternehmungen so wenig Segen zuteil wird, weil er sie ausschließlich auf den Nutzen abstellt.

Und wenn er nicht ein Jota von dem glauben könnte, was die christlichen Kirchen ihren Gläubigen seit je als Wahrheit verkünden an diesem Fest – allein der Umstand, daß es dieses Fest gibt, daß es gefeiert wird um eines hilflosen Kindes willen, daß sich vor diesem Kinde Millionen beugen, über alle Grenzen der Sprache hinweg ..., allein diese Huldigung vor der Krippe läßt ihn fühlen, daß um den Menschen ein Geheimnis ist, das nicht mit dem sarkastischen Hinweis auf sein fragwürdiges »Gemüt« abgetan werden kann.

Wir haben noch nicht vergessen, was das Wort »menschlich« vergangenen Jahrhunderten bedeutete. Meinen wir nicht heute noch, wenn wir jemandem nachsagen, er sei menschlich mit dem oder jenem verfahren, daß er gut, liebevoll mit ihm verfahren sei? Sagt nicht das Wort »unmenschlich«, daß derjenige, auf den es angewendet wird, gegen das Wesen eines Menschen verstoßen habe? – Ohne Zweifel: wir haben die Bestialität des Menschen kennengelernt und lernen sie noch heute in ihrer erschreckendsten Form kennen; wenn sie sich mit dem kalten Intellekt paart. Wir haben das Wort »menschlich« allzuoft im Zusammenhang mit den Gebrechen der Zeit gehört. Aber schon wenn es zu einer Substantiv-Form zurückkehrt, zur Menschlichkeit, kommt eine mitreißende Schwingung in dieses Wort: wir atmen Kraft, Liebe, Beispielhaftigkeit ein. Wir begegnen einem Menschen, der leistet, was seinem Wesen entspricht.

Und dies widerfährt uns in diesen Tagen: wir begegnen wieder dem Menschen, der seiner besseren Bestimmung lebt; dem Menschen guten Willens; dem Menschen, der die Freude wieder kennenlernt, die das Teilnehmen am Geschick des anderen bereitet. Mit einem Male wird ein neues Lebensgefühl in uns lebendig, in uns und in den anderen. Und nichts ist weniger verwunderlich als dies. Denn es ist das freudige Gefühl dessen, der auf den richtigen Weg zurückfindet. Ein hastendes, oberflächliches, eigennütziges Dasein wird für eine kurze Spanne abgelöst von einem besinnlichen und uneigennützigen, einem wesentlichen Leben.

Stimme des ungeborenen Christus

Warum willst du, daß ich dies tue ...?
Daß ich aus diesem Leibe da trete,
einer von vielen. Wer zählt sie ...
Gestern und heute und morgen und immer:
Sprödes Gebein, zerstäubtes, und wieder wachsweiches,
Knorpel und Knöchlein, in Wasser gebettet,
und wieder, alltäglich, alljährlich in alle
Zukunft entworfen aus Traum und Begierde
ungezähltes Geborenwerden, Gebären,
Menschen, Menschen; Gebeine und Seelen –
alles in diesen einen
Leib gepflanzt und aus ihm geerntet:
Leben, Leben, Leben und Leben,
immer nach vorn gewendet in eine Zukunft,
die überlebt, und immer gehalten
von zahllosen Wurzeln, hinten, in dem,
was sie Vergangenheit nennen ...

Warum willst du, daß ich dies tue,
daß ich mich reihe in diesen Zug, diesen
allgegenwärtigen Zug und Vorüberzug,
den sie nicht sehen, da sie
in ihm marschieren, wie einst die Streiter
Gideons gegen die Midianiter oder gestern
Cäsars Legionen, morgen die Heere der Fürsten
gegen den Türken, übermorgen der Zug des Korsen
gegen Ägypten und Moskau ... Zug und Vorüberzug,
Wuchs und Wucher in federnden oder steifen Gelenken,
Wuchs und Wucher in Lenden und Schößen,
Wuchs und Wucher des riesigen einen
Stammes – ein wenig Frühling mit Blüten,
Sommer und Frucht, und Ruhe in Wintern ...
aber doch alles an einem Stamme! Ein Leben.
Ein Fleisch. Ein Schicksal.

Warum willst du, daß ich dies tue? Sie ächten
ihre Propheten, knien vor Mammon und Baal.
Sie tanzen um den Phallus. Sie haben Schicksal genug.
Warum schickst du mich,
mich in diese Stunde, die pendelt?
In dieses Steigen und Fallen, dies Aus- und Ein-
atmen deines Entwurfs?

Sieh doch das Mädchen, das mich da trägt ...
Was erwartet sie denn? So haben
Milliarden zur gleichen Stunde
ihren Heiland erwartet, den einen,
dem sie das Reis der Hoffnung aufpfropften,
den sie herzten und küßten, damit es gediehe,
den sie züchtigten, weil er enttäuschte,
den sie ziehen ließen zu diesem neuen,
alten Versuch, ihre Hoffnung weiterzupflanzen in
geliebte-verhaßte andere Schöße ... Und diese?
Rein, eine Magd; ein Mädchen vom Lande ...
Kann eine Taube den Tiger ausbrüten,
der die Tiger besteht? – Da liegt sie,
hingeworfen aufs Stroh von den Wehen,
die ihr ein Weh gebären helfen. Sie freut sich,
leidend, auf dieses Leid, getäuscht schon,
da sie mich nahm, getäuscht nun,
da sie gebiert; mich haben wird.
Und mich verliert.

Warum willst du, daß ich dies tue?
Stell sie zurück in die Reihen enterbter
Mütter! (Die haben nicht einmal einen
Namen wie Witwe und Waise.)
Wäre nicht dies eine kleine
Täuschung vor jener großen, die
meiner wartet? – Ich trage
größere Hoffnung. Ich werde
Hoffnung erwecken wie Ungeziefer. Zerfressen
von ihrer Hoffnung werde ich enden. Mein Leichnam

wird sie mit Hoffnung vergiften ... Nein. Ich fürchte
Kreuz nicht und Tod. Ich fürchte
dieses Umsonst und Vergeblich, diesen
brennenden Schmerz der Gewillten,
die da nicht können; diese Woge von Blut,
die das meine hochmütiger nimmt
als das Meer einen Regen; das Wieder und Wieder,
das mein Einmal zudeckt wie ein grauer Himmel
den Schatten der Zeder. – Sie könnte
tot gebären ... Es wäre
ein gelinderer Schmerz. Er verheilte.
Andere Schmerzen wüchsen darüber ...

Aber, wenn du denn willst, daß ich dies tue,
wenn du noch einmal diese Taube,
die mich trägt wie Noahs Taube den Ölzweig,
opfern willst und uns ausschickst,
diesen Frieden zu stiften, nach dem sie Hunger haben, und
sei es
nur um ein Zeichen zu setzen, ein neues Sternbild,
das sie im Finstern tröstet ... so will ich,
daß *Dein* Wille geschehe, geworfen
als ein Mensch unter Menschen, mich reihend
in diesen allgegenwärtigen Zug und Vorüberzug,
ein Reis der unausrottbaren Hoffnung auf diesem
einen riesigen Stamm, den du pflanztest.
Ein Leben. Ein Fleisch.
Ein Schicksal.

Die Angst vor der Muße

Die weihnachtliche Botschaft vom Frieden auf Erden und dem Wohlgefallen der Menschen vernehmen wir jedes Jahr aufs neue, und wenn es hoch kommt, denken wir dabei an den äußeren Frieden in der Welt – einen Zustand, der heute leider schon gleichbedeutend ist mit Nicht-Krieg –, an das Verhältnis zu unseren Nachbarn vielleicht und an das Wohlgefallen, das wir bei unseren Angehörigen auslösen, indem wir ihnen unsere Fürsorge angedeihen lassen und sie zum Feste überdies durch Geschenke erfreuen. Allzu wenige aber denken dabei noch an die Wurzel dieser verschiedenen Friedensbeweise: an den Frieden, in dem wir mit uns selbst leben.

»Der hat seinen Frieden« – sagten unsere Eltern und Großeltern zu ihrer Zeit noch manchmal, wenn sie von einem Verwandten oder Bekannten sprachen, der ein zufriedenes, ausgewogenes Leben führte; und es wollte uns oft scheinen, als ob ein wenig Neid in diesen Worten mitschwänge. Neid auf was – das verstanden wir noch nicht, um so weniger, wenn von Menschen die Rede war, die ganz und gar nicht mit irdischen Reichtümern gesegnet waren. Aber die Eltern und Großeltern wußten schon, was sie meinten. Sie sprachen vom inneren Frieden des Menschen, von seinem Einklang mit sich selbst. Und wenn vom Gegenbeispiel die Rede war, dann hieß es vielleicht: »Das ist ein friedloser Mensch, ein Gehetzter. Der ist sich selbst nicht grün.«

Von solchen Dingen reden wir selbst heute kaum noch. Das gute Beispiel (von dem, der seinen Frieden hat) ist allzu selten geworden. Das schlechte Beispiel aber (von dem gehetzten, dem friedlosen Menschen) ist uns so geläufig, so zur gewohnten Erscheinung geworden, daß davon kaum noch zu reden lohnt. Und vielleicht auch deshalb nicht, weil wir dabei an unsere eigene Brust schlagen und von uns selbst sprechen müßten.

Aber – es ist wohl an der Zeit, davon zu sprechen, darüber nachzudenken und sich Rechenschaft zu geben über das Warum und Wozu unseres gehetzten Lebensstiles, der sich nicht nur im äußeren Bilde unseres Alltags zu erkennen gibt, sondern sich tief eingefressen hat in unser Wesen, unser Selbst. Ja, es wäre wohl zutreffender zu sagen, daß alle Hast und Hatz des modernen Menschen im äußeren Ablauf seines Lebens nur das Spiegelbild seiner inneren Friedlosigkeit ist und daß wir der vielen Verführungen, Beanspruchungen, Ablenkungen und Abnutzungen, die das technische Zeitalter in sich trägt und mit sich bringt, nur deshalb so unzureichend Herr werden, weil wir im Innersten unseres Wesens so ohne Ordnung, ohne Friede, ohne Muße sind.

Auch von Muße hört man heute kaum noch jemanden sprechen, es sei denn höchstens, daß man irgendein Unternehmen »müßig« – und das bedeutet nutzlos – oder einen Menschen müßig – und das hieße faul – nennt. Der Mensch ohne Muße bedarf auch des Wortes Muße nicht mehr. Mit einer Realität sterben auch die Begriffe aus und mit den Begriffen schließlich auch die Worte. Wo der Mensch verarmt, verarmt auch seine Sprache.

An die Stelle der abklärenden Muße ist heute vielfach der »Betrieb« getreten. Wer noch Zeit zur Muße hat, kann darum doch nicht müßig sein. Denn müßig sein hieße: mit sich allein sein, sich mit sich selbst beschäftigen, in Ruhe seiner selbst innewerden. Dies letztere aber – seiner selbst innewerden – scheint ein fürchtenswerter Zustand zu sein, ein Zustand, den man meiden sollte. Jedenfalls nehmen es die wenigsten wahr, ihn aufzusuchen. Der weitaus überwiegende Teil der Zeitgenossen stürzt sich dafür in Unternehmungen mehr oder weniger zufälliger oder gleichgültiger Art. Man macht (und spricht dies wörtlich so aus) »Betrieb«, man ist »unterwegs«, »auf den Beinen«, »auf der Achse« – oder wie dergleichen Redewendungen sonst lauten mögen. Und es macht den Eindruck, man sei in Wahrheit auf der Flucht vor sich selbst.

Das hat auch seine verhängnisvollen Folgen für unser Verhältnis zu unserer Umwelt. Denn wenn der Mensch seiner selbst nicht mehr innewird, findet er auch nicht zu einem sicheren Standort der Allgemeinheit – oder wie man sagt: der Gesellschaft – gegenüber. Ohne seine »menschliche Auskömmlichkeit mit sich selbst« kann er auch seiner als eines selbständigen Einzelwesens, als einer, der für sich selbst steht, im Rahmen des Ganzen nicht innewerden. Und da er sein Eigenes nicht mehr sicher erfaßt – wie soll er es dann wirksam verteidigen können?! Und so tritt er auch hier seine Interessen ab an Interessen-Gemeinschaften, die sich ihm allenthalben anbieten. Er gibt sie ab an Bewegungen, Gruppen, Klassen, Parteien usw. Und so scheint auch die Sorge für den Nächsten nur noch durch Gruppen-Lösung behebbar. Denn da wir keine Muße mehr für uns selbst haben, wo sollen wir sie für den anderen hernehmen?! Diese Sorge müssen uns Organisationsformen abnehmen, denen wir überlassen, in unserem Namen zu handeln. Und so wird alles unpersönlich, und ehe wir uns versehen, kann das Unpersönliche – wie einst im Nationalsozialismus und heute im Kommunismus – ins Unmenschliche umschlagen. Nicht, weil wir dies wollten; sondern weil wir uns nicht die Muße nahmen, dies alles zu durchdenken. Der Mensch ohne Muße wird, ganz zwangsläufig, am Ende »gedankenlos«.

Dies alles hat nichts mit Philosophie oder Weltanschauung zu tun, und was wir Muße nennen, ist keine Erfindung für sogenannte bessere Leute. Sie ist das leibliche, seelische, geistige Atemholen, ohne das kein menschliches Wesen auf die Dauer als Mensch leben kann, am wenigsten aber der arbeitende Mensch unseres schnellen Zeitalters.

Wie verwunderlich, aber zugleich höchst aufschlußreich für unsere Betrachtung ist das Verhalten des Menschen außerhalb seines Dienstes heute, seiner Arbeitszeit, also dann, wenn es gelten sollte, die verausgabten Kräfte zu ersetzen, zu sich selbst und zur Ruhe zu kommen! Und dies nicht nur im Hinblick auf Feierabend und Wochenende, sondern auch in Hinsicht auf seinen Urlaub, seine Ferien. Anstatt nämlich in einer gesunden Reaktion (was Gegen-Handlung bedeutet) um Ausgleich bemüht zu sein, heißt Feierabend und Freizeit-Gestaltung nichts anderes als Fortsetzung des »Betriebes« in zwangloserer Form. Wo Rast das Gebot wäre, huldigt man weiter der Unrast. Man setzt die Ablenkung von sich selbst (die zwangsläufige durch Beruf und Beschäftigung) durch mehr oder minder sinnlose oder aufreibende Formen von Unterhaltung fort, wie sie ein beflissenes Gewerbe dem planlosen Bedürfnis nach Ablenkung aufdrängt. Einmal »im Betrieb«, setzt man diesen fort – bis zur Erschöpfung.

Spürt man den Gründen für diese Unfähigkeit nach, so gibt es wohl verschiedene. Der eine liegt in einfacher Gedankenlosigkeit. Der andere rührt von einer ausgesprochenen Furcht vor dem Alleinsein her: Der Mensch hat Furcht vor sich selbst, seiner Unzulänglichkeit. Ein dritter Grund mag in einer immer noch weitverbreiteten Existenzangst liegen: Manch einer glaubt, durch ein Ausruhen wichtiger Chancen verlustig zu gehen, und betreibt auch im Urlaub mit linker Hand sein Geschäft weiter. Den einen läßt der Ehrgeiz nicht zur Ruhe kommen; der andere ist schon zu einer Maschine geworden, die keinen Stillstand mehr kennt. Dieser betäubt sich, jener lenkt sich ab.

Manches können uns Bürokratie, Gesellschaften, Institutionen, Werk- und Betriebsgemeinschaften abnehmen – eines aber können sie uns, dürfen sie uns nicht abnehmen: die Gestaltung unserer Freizeit, das Recht auf persönliche Muße. Mag dieser und jener auch meinen, es könne gleich sein, was er mit sich selbst anfange – die Gesetze der menschlichen Natur werden ihn eines Tages belehren darüber, daß Raubbau und Fahrlässigkeit, pausenlose Betriebsamkeit und Zerstreuung weder den besseren Menschen in ihm zum Frieden bringen, noch daß er auf solche Weise das Wohlgefallen seiner Mitmenschen erwerben kann. Die Kräfte des Menschen – die des Erfinders und Künstlers ebenso wie die des Ingenieurs und Arbeiters – bedürfen der Erneuerung, wenn sie wach und wirksam bleiben wollen.

Aber da das Fest des Friedens und des Wohlgefallens unsere Gedanken und Sorgen in diese Richtung lenkte, wollen wir Leistung und Arbeitskraft einmal am Rande lassen und zu den Erwägungen zurückkehren, die den Menschen als den Schmied seines eigenen Glückes ansprachen. Wir müssen die Kraft aufbringen, die Kraft und den Mut, bei aller zwangsläufigen, ja wegen dieser zwangsläufigen Betriebsamkeit, unserer selbst als Menschen und Einzelwesen bewußt zu bleiben. Es gibt Millionen von Menschen, denen ein staatliches Zwangsregime das Recht auf ihre Individualität abspricht, und wir wissen alle, wie schwer und schmerzlich das Leben der Unfreien ist. Sie haben kein Recht auf Muße, weil die Zwangsherren gut wissen, daß Muße zu denken erlaubt und daß, wer denkt, zu Einsichten kommt und daß, wer Einsichten hat, auch zu Handlungen schreiten kann. Wissen wir, wie wenig uns im Grunde von diesen Rechtlosen trennt, wenn wir selbst nicht sinnvoll Gebrauch machen von unserem Recht auf Freiheit und Muße? Wie wir in Gedankenlosigkeit abstumpfen und am Ende auch das verlieren müssen, auf was wir aus Trägheit oder Fahrlässigkeit verzichten?!

Die Botschaft vom Frieden und vom Wohlgefallen ist zuerst an die Hirten von Bethlehem ergangen. Weshalb an die Hirten? Sind dies nicht allzu einfache, belanglose Stellvertreter des Menschen, die der Engel da ansprach? Im Buch der Bücher geschieht nichts ohne tiefen Sinn, und es hat eine ernste Bewandtnis damit, daß Hirten zuerst diese Botschaft vernahmen. Denn der Hirt ist ein Mensch der Muße. Er ist tagelang mit sich und der stummen Kreatur allein. Er muß mit sich selbst auskommen. Er kann niemals sich selbst davonlaufen. Er ist abgeklärt, besonnen, gedankenvoll, ja auf eine einfache Art weise. Seine Muße befähigt ihn zu Erkenntnissen und Maßen, um die viele ihn beneiden dürfen. Mußten nicht im Altertum die jungen Könige eine Zeit als Hirten in die Einsamkeit gehen, ehe man sie für wert hielt, die Völker zu weiden? Und so galt der Hirte viel, wiewohl er arm war. Er war doch so reich an Zeit, an Muße, an Selbstbesinnung. Er sprach viel mit sich selbst und fragte in sich hinein; und wenn er ein Wort hörte, so vernahm er es auch.

Der Bote des Himmels wußte, daß niemand besser seine Botschaft verstehen würde als der »müßige« Hirt auf dem Felde, der in sich selbst ruhte.

Wir Heutigen – hätten wir die Botschaft vernommen? Hätten wir in unserer Hast, auf unserer Flucht vor uns selbst überhaupt »Zeit« gefunden, hinzuhören? Wir jagen dem Glück nach, das ein Phantom ist, aber »das Glück rennt hinterher«. Und je schneller wir hasten, um so weniger vermag es, uns Flüchtige zu erreichen.

Denken wir der Hirten und der Botschaft, die an sie erging!

Vielleicht geben uns die weihnachtlichen Tage endlich die Muße, darüber nachzudenken, was uns zum Heile dient, und zu erkennen, daß der äußere Friede, den alle ersehnen, nicht von einem Geschlechte kommen kann, das seinen inneren Frieden nicht mehr zu hüten versteht.

Die Epiphanie des Herrn in unserer Zeit

Noch einmal tauet Himmel den Gerechten
und sänftiget den Schrei der Kreaturen,
befehlt dem Stern, der strahlt in allen Nächten ...!

Sind Engel noch, die einst herniederfuhren?
Und weht Gesang aus atemlosen Grüften?
Sind Hirten wach auf den vereisten Triften?

Es weht Gesang aus stolzen Kathedralen,
und Weihrauch wölkt um strahlende Monstranzen,
und Mühlen sind, die die Gebete mahlen ...

Sind Kinder, die im Leib der Mutter tanzen?
Sind Täufer, die mir meinen Weg bereiten?
Wird Petri Schwertarm wieder für mich streiten?

Sind Täufer, die mit fremdem Blute taufen!
Sind Kinder, die im Leib der Mutter darben!
Sind Häscher, die im Königspurpur laufen!

Ist Friede nun, für den so viele starben?
Und haben Groß' und Kleine guten Willen,
die Friedenssehnsucht dieser Welt zu stillen?

Es sind zum Bersten voll die großen Arsenale
rund um die Welt mit mörderischen Waffen,
und in den Drähten lauern die Signale ...
Ist Brot für alle, die da redlich schaffen? –
Oh, Herz der Welt, was klopfst du so beklommen ...
Auf, freue dich! Ich werde wiederkommen!

Wie aber, daß sie diesmal mich erkennen?
Sie, die gewohnt sind, daß die Krone prange?
Wie sollen sie mich den Gesalbten nennen ...?

Ich biete wieder meine linke Wange,
wenn sie die rechte lästernd mir bespieen.
Daß *ich* verzieh, hat man mir nie verziehen.

Sie würden mich umjubeln, käm' ich wieder,
ein Prinz, und aller Frauen Spindeln
wetteiferten, um dieses Kindes Glieder
zu hüllen in den weißen Bausch der Windeln.
Ich komme arm zur Welt in einer Hütte –
mein erstes Bad ist eine Regenbütte.

Und während in Kapellen und in Krypten
mein Name klingt in Litanein und Psalmen,
verfolgt man mich. Doch mein Ägypten
hat keine Pyramiden, keine Palmen.
Ich werde in vereisten Güterzügen
mich in der Mutter letzten Mantel schmiegen.

Und in der Schule werde ich begreifen,
daß Flüchtlinge sich zu bescheiden haben.
Die Früchte, die in andrer Gärten reifen,
sind nicht für hergelaufene Knaben.
Und wenn ich klug bin, werden sies mir neiden.
Neid – oder Hochmut, – wähle zwischen beiden!

Vor welchen Richter werden sie mich stellen?
Und wer wird diesmal seine Hände waschen,
wenn sie ihr heiseres »Crucifige!« bellen?
Und welcher Folterknecht füllt seine Taschen?
Und welcher Tod wird heute mir bereitet,
wo Schand' mit Schande um den Vorrang streitet?

Ach, Judas war ein Freund, ein ungetreuer,
der mich verriet. Doch nun sind arge Schergen
im Überfluß. Es warten tausend Feuer,
und Tode sind in ausgehöhlten Bergen,
in Wüsten, Steppen, gasgefüllten Kammern,
verschwiegene Tode, die mich jäh umklammern.

Und Tode, die mich leise lächelnd ritzen
und Handschuh auf die Knochenfinger streifen,
die klein sich machen und aus feinen Spitzen
und aus Kanülen nach dem Leben greifen ...
und Beil und Strang und plusternde Gewehre,
die Ehrenretter einer toten Ehre.

Und viele würden mich auch diesmal meiden
auf Golgatha, in meiner letzten Stunde.
Es gilt nicht königlich für diese Welt, zu leiden.
»So hilf dir selbst, bist du mit Gott im Bunde!«
so sprächen sie. Und all die kleinen Frommen:
»Er kanns nicht sein, – er wollte mächtig kommen.«

Und hätten sie nicht recht? Die nach mir kamen,
die Schüler und Verkünder meiner Lehre,
sie spannen mich in eines Wortes Rahmen,
sie stutzen meinen Wuchs mit ihrer Schere
wie Buchs und Rotdorn. Doch ich überschwemme
mit meinem Wachstum alle ihre Dämme.

Darum will ichs vom Vater nicht erbitten,
noch einmal in ihr Leben einzutreten
wie ein Gestirn, das sie verwirrt. Sie litten
genug an *ihren* Führern und Propheten.
Ich will nur ihre blinden Augen segnen,
daß sie mir tausendfältig *neu* begegnen.

Ich spreche: Epheta! – sie werden *sehen!*
Sie werden sehn: Ich komme täglich wieder,
und tief bestürzt auf ihrem Wege stehen.
Denn wisset: im geringsten meiner Brüder
bin *ich* verheißen, und was sie *ihm* tuen,
das läßt *mich* nicht in meinem Danke ruhen.

Ich bin der Vielen einer, die auf Krücken
zum Vater kommen werden, wenn wir rufen.
Der Alte, der da mit gebeugtem Rücken

und hohlen Wangen bettelt auf den Stufen
des Hauses, das ihm gestern noch gehörte.
Ich bin der Wurzellose, der Verstörte.

Ich bin gefangen hinter Stacheldrähten,
bin der im Bergwerk seinen Hauch verpfändet.
Ich bin der ärmste Nachfahr des Proleten,
ein Sklave, den des Herren Willkür schändet.
Ich bin die Nummer auf dem Häftlingskleide,
der Judenstern, zwei Buchstaben von Kreide.

Und wenn euch dies nicht rührt, so seht die Kleinen!
Ich wäre so wie sie: mit diesen Blicken,
die überwach sind, weil ihr langes Weinen
vergeblich blieb. Ihr sollt ersticken
an eurer Sattheit, wenn auch diese Augen
kein Tröpfchen Mitleid aus dem Herzen saugen.

Denn dieses ist das letzte der Gebote
und ist das sanfteste von den Gesetzen:
die Kinder lieben, die wie Milch dem Brote
des Lebens zugehören. Und ein Kind verletzen,
bringt eher um des Himmelreiches Schlüssel
als meines Täufers Haupt auf einer Schüssel.

So will ich wieder unter Menschen wohnen
als der Gesalbte (mit dem Öl der Zähren),
als der Gekrönte (mit der Dornenkrone).
Und – als das Kind. Kein Bote seliger Sphären
wird je in dieser Zeiten Kümmernissen
mehr frohe Botschaft für die Erde wissen.

Ich komme, wenn ich gleich nicht wiederkehre.
Der Friede euch! Gott in der Höh' die Ehre!

Es war in den späten Nachmittagsstunden des Heiligabend, und Andreas war vielleicht zehn Jahre alt, als ihm seine Mutter auftrug, ein kleines Päckchen in ein Altersheim zu bringen, das, am Rande der Stadt gelegen, unter vielen anderen Insassen auch eine alte Dame beherbergte, die seit etlichen Jahren gewisse Näharbeiten für die Mutter des Andreas ausführte.

Andreas machte sich auf den Weg, guter Dinge und gefügiger als sonst, weil er wohl wußte, daß seine Abwesenheit der mütterlichen Liebe dazu diente, seinen Gabentisch mit Sorgfalt herzurichten, und weil die Zeit ungeduldigen Wartens durch solche Gänge beschleunigt zu werden schien. Die Straßen wurden schon menschenleer, hier und dort erglänzte das zittrige Licht eines entzündeten Tannenbaums durch die verhängten Fenster, und der frische Schnee, der den schmutzigen, alten in dichten Wirbeln zudeckte, machte die kleine Wanderung zu einem rechten Vergnügen.

Andreas stapfte munter dahin, das kleine Päckchen unter den Arm geklemmt, den Mantelkragen hochgeschlagen, die Hände in den Taschen vergraben, und war seinem Ziele bis auf einige hundert Meter genaht, als ihn plötzlich ein Stöhnen, wie von einem verwundeten Tiere, erschreckte und innehalten ließ. Er lauschte und blickte sich um. Die Straße war nun spärlich erhellt, und der Schnee fiel dicht. Schließlich – er konnte nicht hindern, daß sein Knabenherz schneller schlug – hörte er ein zweites Mal denselben Laut, und ihm wollte scheinen, daß er von der gegenüberliegenden Straßenseite käme, wo der Junge im Dunkel einen noch dunkleren Schatten wahrzunehmen vermeinte. Er überquerte die Straße und, indem er auf den Schatten zusteuerte, vernahm er zum dritten Mal das tierähnliche Stöhnen.

An einen Gartenzaun gelehnt, halb schon hingesunken, fand er eine männliche Gestalt, die in der Rechten einen Stock hielt, der vergeblich einen festen Standort zu ertasten suchte. Der Linken mochte die Pappschachtel entfallen sein, die sich aus dem Schnee abhob, und zu dieser gehörten zweifellos die rings verstreuten Kleinigkeiten, die sich bei näherem Zusehen als Plätzchensterne, kleine Brezeln, Honigkuchenherzen, Äpfel und Nüsse entdeckten. Andreas faßte sich und fragte den Mann, ob ihm schlecht sei. Der Angeredete hob den Kopf und versuchte zu sprechen. Aber es mißlang ihm. Eine süßliche alkoholische Dunstwelle, die den näher tretenden Knaben traf, antwortete statt seiner.

Andreas kniete nieder in den Schnee, las rasch das verlorene Backwerk auf, nahm die Schachtel an sich und mühte sich dann, den Hingesunkenen wieder aufzurichten. Als dies nach einiger Anstrengung gelungen war, faßte er ihn um, stützte ihn, redete ihm gut zu und war bestrebt, mit ihm die nächste Laterne zu erreichen.

Es war ein mühsames Unterfangen. Der Mann schien nicht nur arg betrunken, sondern verriet an seiner Gangweise und durch den Gummikopf an seinem Stockende, daß er auch sonst nicht uneingeschränkter Herr seiner Gliedmaßen war. Er schien schwach und mager dazu – sein Helfer meinte, die Knochen zu fühlen – und rang so hörbar nach Atem, daß Andreas einige Male fürchtete, der Mann könnte auf der Stelle zusammenbrechen und tot sein.

Als schließlich die Laterne erreicht war, erkannte der schweißgebadete Andreas im Scheine des spärlichen Gaslichtes in seinem Schützling einen alten, von Geburt gebrechlichen Insassen des gleichen Stiftes, in dem auch die alte Näherin wohnte. Er hatte ihn gelegentlich dort an einem Stock über die Flure schleifen oder im Garten sitzen gesehen, einen ewig behinderten, vom Leben und den Menschen vernachlässigten, immer etwas fiebrig und leidend dreinblickenden, nun vollends überflüssigen Mann.

Welch ein Mensch! dachte Andreas und erschauerte. Eine Welle heißen Mitleids schwemmte ihm drängende Tränen in die Augen. Wen würde es kümmern, wenn er hier liegen bliebe und stürbe? Wie er zitterte! Keine Handschuhe hatte er, und die Hände waren von den Stürzen ganz naß und eisig geworden. Jetzt faßte die eine in die Tasche des zerschlissenen Mantels und holte ein Tütchen hervor. Schon lag es im Schnee und verstreute die Hälfte des Inhaltes in winzigen schwarzen Punkten. Ein wenig Kaffee für die Festtage war es. Andreas bückte sich danach. Auch der Alte wollte wohl das gleiche tun. Denn schon lag er wieder am Boden, und das beschwerliche Spiel begann von neuem. Aber in Andreas brannte ein heiliger Eifer, hier seinen Mann zu stehn, und vor diesem Eifer wich alles ins Wesenlose zurück. Der eigene Auftrag, der wartende Gabentisch daheim, die warme Stube – was bedeuteten sie vor dem Gesetz der Hilfe, das er in seiner Brust vernahm! Er wappnete sich mit Geduld, bot alle seine Kräfte auf, wieder und immer wieder, und leistete das schier Unmögliche. Mehr den Mann schleifend als ihn führend, gelangte er, erschöpft und erlöst zugleich, an seinem Ziele an und setzte den Alten auf der untersten der Stufen ab, die zum Eingang des großen Gebäudes emporführten. Im Bewußtsein, eine außerordentliche Tat vollbracht zu haben, eilte er die Treppen hoch, dem alten Fräulein die Gabe zu überreichen und zu vermelden, was geschehen war.

Aber vor der Tür stand er still und klopfte lange nicht an. Er dachte nach über das, was ihm widerfahren war, und es schien ihm plötzlich, daß sein ganzes Tun nichtig und eitel würde, wenn er es nun vor der Welt ausbreitete. Er hörte sie schon sagen: »Was du für ein tüchtiger und guter Junge bist! Dafür muß man dich belohnen. Komm, hier hast du einen schönen Apfel ...« Nein, er schüttelte sich vor Ärger und Scham. Nichts würde er sagen, kein Wort, weder hier noch daheim. Guten Abend. Einen schönen Gruß von der Mutter. Ich muß mich eilen, ich habe mich verspätet. Gutes Fest und auf Wiedersehen. Ach ja, auf der Treppe sitzt ein alter Mann, der zum Stift gehört und der allein nicht hoch kommt. Man muß sich kümmern um ihn ...

Sein Herz frohlockte, als er den Heimweg antrat. Er hatte ein Geheimnis und würde es hüten. Nichts von dem, was er erlebt, erlitten und – geleistet hatte und was ihn mit einem Stolz erfüllte, der kein Vorbild hatte, würde die Welt erfahren.

Das Schweigen erst würde sein Handeln krönen und bestätigen.

Das sanfte Gesetz

Unter den Mysterien, die das christliche Abendland bis auf den heutigen Tag mit unverminderter Stetigkeit bewegt haben, ist die Geburt des göttlichen Kindes das zugleich innigste und bewegendste. Der Streit um die Bedingungen des Glaubensaktes, der von hier seinen Ausgang nahm, hat sich mehr und mehr wie ein immer an- und abschwellender Sturm auf den Stamm und die vielastige Krone des christlichen Lebensbaumes gestürzt. Aber das Reis, die Wurzel zu alledem, blieb im Schoße des Geheimnisses und mehr noch im Schoße des menschlichen Gemütes wie ein schließlich Unantastbares, vor dem auch die kritische Welt mit leise lächelnder Ehrfurcht innehielt. Nicht Wein und Blut, Brot und Leib galt es hier zu trennen oder zu vereinen. Nicht Erbschuld und Sühneweg, Wunder und Wissenschaft wollten hier gewiesen oder befragt sein. Nur dies eine schien zu gelten, ein Kind ist geboren. Und alle neigten sich vor ihm, heimlich oder öffentlich, gläubig oder fühlend. Seltsame Übereinkunft in den Herzen aller und einmaliges Fühlen eines nicht zu erjagenden Geheimnisses!

Es besteht kein Zweifel, daß hier eine Symbolik im Glauben lebendig geworden ist, die in ihrer Einfachheit alle Welt erreichen und bewegen muß. Wer anders als ein Kind kann mit einem Lächeln, ja seinem bloßen Dasein das Eis des kältesten Herzens zum Schmelzen bringen? Was anderes als solche Armut, an der Wiege schon, macht die Fragwürdigkeit irdischen Besitzes begreiflicher? Welche Gestalt könnte die der Hirten an Einfalt, Weisheit und hütender Gebärde übertreffen? Und auf den Nacken welcher Tiere liegt ähnliche Geduld und Dienstbarkeit, wie auf den an Joch und Stecken gewöhnten Ochs und Esel? Später kommen die Könige, mit Weihrauch und Myrrhe. Sie kommen aus dem Orient. Aber Ochs und Esel, die armen Hirten des Feldes – sie kommen aus aller Welt. Und Krippe und Stall und der stille Stern am Himmel stehen über jedem Land, jedem Flecken.

Man muß an Stifters ›Sanftes Gesetz‹ aus seinem Vorwort zu

›Bunte Steine‹ denken, in dem der Satz steht: »Es gibt Kräfte, die nach dem Bestehen des einzelnen zielen«, und in dem er das Leise und Bescheidene als viel größere Gewalten erkennt als das Klingende und Majestätische. Braucht es eines überzeugenderen Beweises, als der sich beugenden Knie aller vor dem Kind in der Krippe für die Unwiderstehlichkeit und Geltung dieses sanften Gesetzes?

Später kommen die Könige. Sie kommen aus dem Orient. Es kommen Weise und Gelehrte des Buchstabens, die Theologen des Tempels, Hauptleute und reiche Jünglinge, Apostel – aus der Jüngerschaft wächst die Gemeinde, aus der Gemeinde die Kirche, aus der Kirche ein Kirchenstaat. Das sanfte Gesetz verliert an Kraft, je mächtiger es zu werden trachtet. Aber nach zweitausend Jahren noch ruft in einer Nacht die Stimme des Kindes den millionenfachen Christopherus aus seinem Schlaf.

Es heißt, daß ein Kindermörder seine Schergen hinschickte, um das Leben vieler Neugeborener wieder auszulöschen. Aber so viel Blut geflossen sein mag, das Kind blieb am Leben. Gewiß waren die Tage des Herodes Tage, die zu den dunkelsten der Menschheit gehören. Aber sie sind nicht dunkler gewesen als die, die wir durchlebten und durchleben. Und wieder kommt das einzige Licht, das in diese Tage des Hindämmerns für eine einzige Nacht milde hineinleuchtet, von einem Kinde und dem Stern, der über seiner Wiege steht.

Es geht Tröstung aus von ihm für diejenigen, die leiden am Hunger, an der Verlassenheit, dem Vertriebensein. Aber es geht auch ein stiller Vorwurf aus von ihm an alle die, die nicht wissen, daß auch nicht der Schatten des Herodes einen Tag länger unter uns geduldet werden darf. Denn ein Geschlecht, das dieses sanfteste aller Gesetze nicht wieder auf seine Tafeln schreibt, entbehrt der Würde, die ihm ein menschenwürdiges Ende seiner Tage bürgt.

Es mußte wohl so kommen, daß täglich und allnächtlich und auf Jahre hinaus, willentlich hier und wissentlich dort, Kinder gemordet wurden, deren Blut über alle gekommen ist, damit wir erführen, wie weit wir abgewichen waren auf unseren Irrgängen vom Geheimnis des Lebens selbst, von seiner Quelle, seiner innigsten Schöpfung. Denn mit dem Kinde, dessen Geburt den einfältigen Hirten vermeldet wird und das für alle steht, wollte der Friede kommen, und nur durch das Kind und im Kinde kann wahrer Friede sein. Laßt das sanfteste aller Gesetze heraustreten aus einer liebgewordenen Sitte in das Bewußtsein eines wachen Herzens! Es muß länger wirksam sein als eine heilige Nacht.

Dieses Kind will zu allen sprechen. Es spricht in der Sprache der Menschheit und hat die Bereiche des christlichen Mysteriums, in die es eintrat, längst gesprengt, um die Huldigung aller anzunehmen, die in der Liebe allein und in den Kindern dieser großen Mutter, die Verzeihung, Duldung, Mitleid, Hilfe und Brüderlichkeit heißen, ihre Reinheit und Wahrhaftigkeit erweist.

»Wir wollen das sanfte Gesetz zu erblicken versuchen, wodurch das menschliche Geschlecht geleitet wird. Es gibt Kräfte, die nach dem Bestehen des einzelnen zielen. Sie nehmen alles und verwenden es, was zum Bestehen und Entwickeln dessen notwendig ist. Sie sichern den Bestand des einen und dadurch aller.«

Das sanfteste Gesetz aber steht milde auf dem dunklen Grund einer fast heillosen Zeit, wenn wir in einer stillen Nacht innewerden, was es heißt: *Ein Kind ist uns geboren.*

Die Nacht Mariens

Es kam die Zeit, daß sich enthülle
das Wort der Schrift und der Propheten Schau:
Es zog ein Paar nach seines Herrschers Wille,
damit geschätzet werde Mann und Frau,
zur Stadt. Jung war das Weib. Der Jahre Fülle
trug schon der Mann. Ihr Kleid war grau
vom Staub, den ihre Schritte auf vom Wege scheuchten,
als sie des Tages Ziel und Rast erreichten.

Und man erzählt: In dieser Stadt der Städte,
die ausgezeichnet werden sollte vor dem Herrn,
da blieb dem jungen Weibe nicht ein Bette.
Sie fanden einen Stall, der nahm sie gern,
und Ochs und Esel grüßten rasselnd mit der Kette,
und ihre Lampe war ein stiller Stern.
Es fiel der Wind durch Dach und Türen
und half dem Mann ein Feuer schüren.

Und es geschah zur Nacht in diesen Wänden,
da schrie das Weib und weinte in den Wind
und litt in Schmerzen, die an allen Enden
für alle Mütter noch dieselben sind,
und hielt in ihren leidensblassen Händen
das Licht, das All, das Leben – hielt ihr Kind.
Und ihrer Freude Tränen fielen nieder
und wuschen dieses Kindes vielgeliebte Glieder.

Das mag wohl sein, daß solchen Frauen,
für die die Welt kein weiches Bette hat,
ein Singen kommt von himmelsfernen Auen,
daß Hirten knien vor solcher Lagerstatt
und dort das Licht der Welt erschauen …
Und solche Mütter hat wohl jede Stadt,

auch wenn sie nicht die Welt erschüttern
wie einst Marie, die ärmste, reichste unter
allen Müttern.

Wo bleibst du Trost
oder
Herr Ziervogel bekommt ein zweites Christkind

Herr Ziervogel saß in der Sauna, um das Unbehagen an seinem Leibe auszuschwitzen, das sich im Laufe eines seßhaften Lebens, spätestens etwa Mitte der Fünfzigerjahre, einzustellen pflegt. Ohne mit nennenswerter Leibesfülle behaftet zu sein, spürte er doch einen gewissen Überhang an Fett, dem sich – ironischerweise – ein sachter Schwund an Muskulatur zugesellte. Gewisse, eigentlich lächerliche Unternehmungen, wie das Zubinden der Schnürsenkel, das Bücken nach einem entfallenen Gegenstand, das Platznehmen in der Badewanne, ja zuweilen schon das gebeugte Sitzen am Tisch, verursachten leichte Kurzatmigkeit oder Beklemmung – oder doch wenigstens jeweils ein unbequemes Bewußtwerden zunehmender körperlicher Unzulänglichkeit. Unbehagen, das ist schon das genaue Wort, und es bietet sich um so eher an, als es den Zoll für jene Stunden echten Behagens darstellte, die der Mensch dem Genießen ausgerechnet jener Annehmlichkeiten widmet, die sich auf längere Sicht zu Nachteilen summieren. Kam eine gewisse Ungelenkigkeit hinzu, die in diesen Jahren keines besonderen Anlasses bedarf, die aber dem Verächter aller sogenannter Körperkultur – und ein solcher war Ziervogel zeit seines Lebens gewesen – wie die heimtückische Rache eines mißachteten Untergebenen erscheinen muß, auf den man sich unversehens mehr angewiesen sieht, als man für standesgemäß hält. Der Badediener goß Wasser auf die heißen Steine, und Ziervogel kämpfte mit dem beißenden Dampf, den das erschreckte Mauerwerk abstieß. Er werkelte sich etwas mühsam auf die tiefer stehende Bank und strich das Wasser von seinem zwiefaltigen Bauch, strich es von den schwach und blond behaarten Armen, von der Stirn, den schwammigen Schenkeln – tiefer sich zu bücken, wagte er nicht. Er spürte ohnedies Atemnot.

Merkwürdig, dachte er und seufzte unfreiwillig, wie wohl einem solches Purgatorium tut, obwohl man doch leidet dabei.

Man spürt die Heilkraft der Plage; aber man muß sie künstlich herbeiführen. Ein Waldarbeiter zum Beispiel hat dergleichen jeden Tag.

Auch auf der tieferen Bank stieg die Temperatur bedrängend zu seinem Herzen auf; er stellte sich auf die Füße, machte ein paar ungelenke kindische Armbewegungen und verließ schließlich den Raum, um – nach kurzem Gang an die Luft – unter die Dusche zu treten.

Tapfer ließ er das kalte Wasser über sich ergehen und beschloß, es heute einmal mit der kleinen Auspeitschung zu versuchen, die er bis dahin immer als unter seiner Würde gemieden hatte. Aber plötzlich ergriff ihn ein leiser Schwindel; das Herz machte ein paar Sprünge; er drehte rasch das warme Wasser an und fühlte erleichtert, wie die wohlige Wärme Sinne und Leiblichkeit hätschelte. Er entschloß sich, zunächst noch einmal in die »Backstube« zu gehen. Verströmender Schweiß, das war – er fühlte es genau – die beste Weise, das Unbehagen zu mindern.

Wenn er ehrlich war – und in der Sauna hatte Ziervogel wie nie sonst die Gewißheit, ein ehrlicher Mensch zu sein –, wenn er ehrlich war, mußte er zugeben, daß sein Unbehagen in diesen Tagen nur zu einem Teil körperlicher Natur war. Es ging auf Weihnachten zu, und aus mancherlei Gründen war diese Zeit für Ziervogel eine höchst lästige Zeit. Daß sie geschäftlich unergiebig war, das heißt: sich kaum von den anderen Monaten abhob, spielte die geringste Rolle dabei. Was Ziervogels Fabrik lieferte, stand sommers wie winters im gleichen Kurs und wurde benötigt wie tägliches Brot: Schrauben und Nägel halten das Leben zusammen.

In diese Zeit fiel einmal der Todestag seiner ersten und einzigen Frau – das galt etwas, auch wenn sie einander mehr geachtet als geliebt hatten –, und zum anderen haßte er dieses scheinheilige Getue, in dem die Mehrzahl der Menschen, vor allem der Geschäftsleute, sich gefiel.

Solcher Haß entsprang wohl einem gewissen Ungenügen an Gefühlskräften; denn Ziervogel fühlte sehr wohl, daß er in den Bereichen des Gemütes ein simpler Bodenturner und für gewisse seelische Schwungstemmen oder gar Riesenwellen nicht geschaffen war. Und zugleich war er klug genug, den Aufwand zu durchschauen, den seine Artgenossen trieben, um ihre Kassen zu füllen.

Er fuhr durch die in diesen Wochen mit Sternen und Flittertand geschmückten Straßen der Stadt mit einem unbestreitbaren Gefühl des Widerwillens, ja der Verachtung. Ohne auf den Gedanken zu kommen – er wäre absurd gewesen –, sich für eine religiöse Natur zu halten, empfand er diesen faulen Zauber als eine dummdreiste Blasphemie. Wie immer man zu der Szenerie von Bethlehem stehen mochte – das nackte Elend im Stall, die Kleine-Leute-Atmosphäre, die Flucht nach Ägypten und einiges mehr wollten ihn schwerlich Begebenheiten und Verhältnisse dünken, die zu Prunk und Völlerei anregten. Ziervogel hatte das unbestimmte Gefühl, die fernöstlichen Völker seien weit weniger angestrengt in ihrer Mythenbildung verfahren, hätten dafür aber um so enger mit und nach ihren religiösen Vorstellungen gelebt.

Im Augenblick hing er solchen Gedanken freilich kaum nach. Er schwitzte wieder heftig, und wenn der Körper angelegentlich, ja aufdringlich angesprochen wird, schrumpfen Seele und Gemüt ohnehin zu einem Symbolwert zusammen. Erst als er lau geduscht hatte und die Birkenreiser auf seiner Haut fühlte, begann er wieder zu denken. Er dachte zum Beispiel: Es war töricht, diese heftige Streichelung als Entwürdigung zu verdächtigen; der Effekt gleicht der wärmenden Dusche, aber es ist weniger mechanisch; individueller sozusagen. Das Wort vom begossenen Pudel kam ihm in den Sinn. Die Dusche machte den Menschen zum Pudel. Diese sanfte Auspeitschung hingegen – woran erinnerte sie ihn doch? Weiß Gott, sie erinnerte ihn an die Auspeitschung des erwachsenen Christkindes.

Ziervogel schürzte die etwas laschen Lippen, teils weil ihm diese Gedankenverbindung, auf seine Person bezogen, lächerlich vorkam, zum anderen Teil aber, weil er sich seines Sohnes erinnerte, den seine Frau, weil er an einem Weihnachtsfeiertage geboren war, ein Christkind zu nennen beliebte. Gott sei Dank hatte sie nie erfahren, wie der einzige später diesen Verdacht Lügen strafen sollte.

Ziervogel hatte weidlich Geduld geübt mit dem mißratenen

EC.

Sohn, der vom elften Lebensjahr an ohne Mutter aufwuchs. Übermäßig von seinen Geschäften beansprucht, hatte er sich zunächst der Vernachlässigung erzieherischer Pflichten geziehen. Als aber auf die noch als üblich zu wertenden Jugendstreiche des Sohnes kleine häusliche Kasseneinbrüche folgten und diese dann von Wechselfälschungen und noch bedenklicheren Manipulationen abgelöst wurden, so daß die Justiz schon ihre Hände nach dem vielseitig ausschweifenden Sprößling ausstreckte, hatte er ihn eiligst mit ansehnlicher Barschaft ins Ausland entlassen. Mit zwiespältigen Gefühlen, das muß betont werden; denn Ziervogel verhehlte sich nicht, daß dieser Fluchtvorschub einer Ausstoßung gleichkam. Hatte er sich nicht mit diesem Geldopfer von weiteren Vaterpflichten losgekauft? An die Stelle von trüben Aufregungen und Kümmernissen war nun eine schuldgeschwärzte Leere getreten. Ziervogel war allein und ertrug es. Aber er trug daran wie an einer Last, die immer müder macht.

Die Reiser streichelten ihn unterdessen unablässig, und er fühlte, wie die leichten Hiebe ihn belebten. Er fühlte das Blut, das gegen die Haut drängte. Er fühlte Wärme, Erfrischung, Verjüngung und – im Zusammenhang mit seinen Gedanken – moralischen Bodengewinn. Er seifte sich noch einmal gründlich unter der heißen Dusche ab, und während er sich kräftig frottieren ließ, gedachte er dankbar des Doktor Jeremias, der ihm dieses allwöchentliche Generalbad empfohlen hatte, das unzweifelhaft nützlich und wohltuend war. Er beschloß, ihn in den nächsten Tagen wieder einmal anzurufen oder, wenn die Zeit es erlauben würde, ihn sogar aufzusuchen, und sei es auch in Form einer gewohnheitsmäßigen, etwas vorverlegten Konsultation.

Schon am übernächsten Tage veranlaßte ihn eine kleine Herzattacke, seine Absicht in die Tat umzusetzen. Er rief Jeremias an, bat um eine Generaluntersuchung und wurde für den späten Vormittag des folgenden Tages bestellt.

Jeremias, einer der wenigen seiner Rasse, die überlebt und den Weg ins alte Vaterland zurückgefunden hatten, ersparte ihm den Aufenthalt im Wartezimmer und ließ ihn in seine Privaträume führen. Bei einem gespritzten Vermouth ließ er sich zunächst einige allgemeine Mitteilungen machen über das körperliche Befinden seines Patienten, nahm dann, wie Ziervogel schien, etwas oberflächlich die erbetene Generaluntersuchung vor und trug ihm unerwarteterweise einen Gastplatz am Mittagstisch an. »Bei dieser Gelegenheit« – so begründete er die Einladung – »können wir das Fachgespräch abschließen.«

An dieser Stelle wäre zu bemerken, daß Ziervogel ein Recht hatte, sich leise über diese Einladung zu verwundern. Die Beziehungen der Sippe Ziervogel zu der Sippe Jeremias waren bisher nur sachlicher Natur gewesen; ja, der gegenwärtige Ziervogel hätte diese Beziehungen wohl überhaupt kaum aufgenommen, wenn er sich nicht bei der von vielen mit einigem Schuldbewußtsein begrüßten Rückkehr des nun 65jährigen Juden des Umstandes erinnert hätte, daß dieser – vor nun bald fünfundzwanzig Jahren – seinem Vater den letzten Beistand geleistet hatte. Ziervogel arbeitete damals in leitender Stellung in einem österreichischen Industriewerk, einmal weil die väterliche Fabrik daheim seines Talentes nicht bedurfte, zum anderen aber, weil er noch darauf aus war, die Welt zu erobern. Er selbst hatte den Vater nicht mehr lebend angetroffen, aber die Mutter hatte ihm rühmend von dem jungen jüdischen Arzt gesprochen, der sich dann, nach einigen Jahren immer aussichtsloseren Existenzkampfes, vor den Ränken einer sich überschlagenden Afterpolitik nach England gerettet hatte. Vielleicht war der Rückweg über den Kanal zu kurz und einfach gewesen, als daß er dem kultivierten, immer etwas heimwehkranken Manne ein unüberwindliches Hindernis hätte bedeuten können –, eines Tages war er wieder aufgetaucht. Die Besatzungsmächte hatten ihm die alte Praxis und sein Haus zurückerstattet, und binnen kurzem hatten sich auch die alten Patienten, soweit sie nicht ohne seine Hilfe das Zeitliche gesegnet hatten, wieder eingestellt; und neue dazu. Als Ziervogel einen leichten Verkehrsunfall erlitt, eröffnete auch er den sachlichen Verkehr mit Dr. Jeremias und zog ihn dann auch bei späteren, normalen Beschwerden zu Rate.

Und nun saß er das erstemal am Tisch des grauhaarigen, hageren Juden und seiner kleinen rundlichen Frau, die übrigens –

wie ein heroisierender Sprachgebrauch meint – Arierin war. Vermutlich war dieser Umstand maßgebend gewesen dafür, daß Jeremias recht bald das barrabasheischende, bramarbasierende, barbarisierte Vaterland verlassen hatte.

Das Mahl war nicht üppig, aber gut. Der Doktor setzte ihm einen alten Burgunder vor, und Ziervogel überraschte sich selbst durch ein zunehmendes Wohlbehagen. Ich gehe zu wenig unter die Leute, dachte er im stillen – wenigstens: unter die richtigen, verbesserte er sich sofort. »Darf ich?« fragte der Doktor in sein stilles Selbstgespräch. – »Mit Vergnügen«, sagte Ziervogel und schob ihm das gewölbte Glas hin.

»Wir trinken auf Ihre Gesundheit!« Jeremias nickte zu seiner Frau hin, und die beiden tranken ihm zu.

»Ich werd's brauchen können ...«, sagte Ziervogel und leckte sich die Lippen.

»Was dies betrifft«, sagte Jeremias langsam, »sollten Sie sich keine übertriebenen Sorgen machen. Sie sind so gesund und so krank, wie ein gewöhnlicher Sterblicher in Ihrem Alter ist.«

Ziervogel schien in diesem Satz nur den »Sterblichen« vernommen zu haben. »Sterblich ...«, murmelte er etwas selbstvergessen. Aber dann hörte er auch den Rest. »Das Herz ist wohl nicht ganz ...?« fragte er vorsichtig.

Mit solchem Herzen, meinte der Doktor, könne man die achtzig erreichen. Gerade die gefährdeten Naturen erlernten die Kunst des Maßhaltens und überlebten oft die Robusteren aber Leichtfertigeren dadurch. Um aufrichtig zu sein: er wisse noch nicht genau, was Ziervogel eigentlich fehle. »Sehen Sie«, wurde er lebhafter, »als ich fortging von hier, war ich ein Mann in den besten Jahren und fühlte mich doch oft wie ein armer, kranker Hund. Jetzt beginne ich ein alter Mann zu werden und fühle mich eigentlich wohl dabei. Ich habe selbst die für unsereinen schwierigen sechziger Jahre gut überstanden. Man glaubt nicht, wie der Leib der Seele nachläuft. Er ist ihr Affe. Oder sind Sie ein versteckter Hypochonder? Ein echter ›Zier-vogel‹?« Er lächelte mit schrägem Blick.

»Aber lassen wir die Seele«, fuhr er gleich wieder fort. »Darüber redet man nicht gern, am wenigsten unter sechs Augen. Sprechen wir von äußeren Dingen.«

Und während der kluge Jude dies zu tun vorgab, begann er mit sachten Fingern, die verschiedenen äußeren Schichten von Ziervogels Seele zu lösen – sie blätterten ihm entgegen wie das Deckblatt einer Zigarre.

Mit den äußeren Dingen meinte der Doktor die Familie, das Geschäft, die Lebensgewohnheiten, die Ansichten ... und als Madame verschwand, um einen Mokka zu brauen, war Ziervogel bereits so mitteilungsfreudig geworden, daß er sich sogar zu einer kurzen Selbstanalyse verstieg.

»Ich bin ein Mensch ohne Eigenschaften!« sagte er in einem vermessenen Anflug von Exhibitionismus. »Ich robotere meinen täglichen Kram ab. Der läuft. Ich ärgere mich wenig, ich freue mich selten. Ich habe für keinen zu sorgen. Ich rolle wie ein leerer Güterzug durch das Leben ...« »Blödsinn!« schloß er fast unvermittelt an, als wollte er das zurücknehmen. »Entschuldigen Sie ...«, murmelte er etwas verstimmt.

»Keineswegs«, sagte Jeremias ruhig. »Keineswegs.« Und indem er Ziervogel die Zigarrenkiste anbot, sagte er's noch einmal. »Wir wollen Ihre Person aus dem Spiele lassen«, meinte er dann, »denn was Sie hier sagen, trifft für den Durchschnittsmenschen unserer Tage zu. Sie selbst sind völlig uninteressant.« Und während man den Mokka trank, hielt Doktor Jeremias eine knappe, unverblümte Lektion über den allgemeinen Menschen dieser Zeit, der wiederum und im besonderen Ziervogel hieß.

Ziervogel hörte zu, lauschte geradezu, nickte etliche Male, sagte zweimal »genau!« ... und als das Wort »Unbehagen« fiel, verklärte sich seine Miene, er lehnte sich behaglich zurück. Er lud dann noch, wie um sich des letzten Behagens zu versichern, sein Unbehagen über das laute und äußerliche Gebaren des »allerchristlichsten Vorverkaufs« ab, und als Doktor Jeremias ihm lächelnd zunickte, schlug er den Rock auseinander und steckte die Daumen in die Ärmelausschnitte seiner Weste, die Pole einer diffusen Welt neu festsetzend.

Jeremias aber fragte unvermittelt: »Wollen Sie nicht den Heiligen Abend bei uns verbringen?« Und weil Ziervogel leicht verblüfft dreinschaute, schloß er gleich an: »Wir scheuen die

Reise zu einem der Kinder; wir sind also allein. Sie täten uns einen Gefallen.«

Es wäre das erstemal, meinte Ziervogel mit einem grübelnden Blick auf seine Bügelfalten, daß er unter die Leute gehen würde. Aber warum nicht. Er zupfte an den Haaren, die aus seinem Ohr büschelten, als zählte er das Ja oder Nein an einem Gänseblümchen ab.

»Ich danke Ihnen«, sagte er entschlossen, und nach einer kleinen Weile: »Ich komme gern.«

Als er vor das Haus trat, schien ihm die kühle Luft zärtlich die geröteten Backen zu tätscheln. Er schnupperte angeregt und machte sich auf den Heimweg. Erst nachdem sein Fahrer dreimal erinnernd gehupt hatte, fiel ihm ein, daß der Wagen ihn erwartete. Eine Sekunde schwankte er; dann rief er dem Fahrer zu: »Ich gehe zu Fuß. Bring den Wagen in die Garage!« Als hätte er glücklich eine drohende Gefahr umschifft, setzte er, noch beschwingter als zuvor, seinen Fußweg fort.

Daheim angekommen, fühlte er sich beschenkt durch den Umstand, daß es Sonnabend war. »Ich werde ein ausgedehntes Schläfchen halten«, sagte er halblaut zu sich. »Ich habe mich selten so angenehm müde gefühlt.« Während er sich legte, kam ihm zu Bewußtsein, daß das Wochenende für ihn gewöhnlich eine mehr ärgerliche als angenehme Einrichtung war, da die auferlegte Muße ihm durch seine Einsamkeit wieder vergällt wurde. Aber noch ehe er sich selbst eine ausführliche Erklärung über den Wandel seiner Empfindungen geben konnte, schlief er schon. Er schlief lange, und noch als er erwacht war, blieb er ein Weilchen liegen und kostete die Stille. Dann läutete er der Haushälterin und bestellte seinen Tee.

»Was machen Sie Heiligabend?« fragte er das grämlich beflissene Wesen.

»Was soll ich machen?« fragte die Bunzel stutzig zurück.

»Haben Sie keinen Bekannten am Ort?«

»Hier?«

»Ja!«

»Nein.«

Dumme Person, dachte Ziervogel. Weiß nicht, wo sie hin soll. Dann schlug er sich im Geist an den Hinterkopf. »Haben Sie

Bekannte in der Nachbarschaft?« fragte er nachsichtiger gestimmt. »Ich bin – Heiligabend« – er sprach es zögernd aus – »eingeladen. Sie könnten freihaben, wenn Sie wollen. Überlegen Sie sich's ...« Dann ging er in die Stadt, in eine stille Weinstube, speiste und trödelte später gemächlich durch die Straßen, die in weihnachtlichem Flitter strahlten. Schneien mußte es, dachte er. »Blödsinn!« sagte er laut. Er haßte ja Schnee.

Als er aus dem Kino kam, in das er gar nicht hatte gehen wollen, schneite es wirklich.

Über Sonntag fiel das Barometer, auch das seine, ein wenig. Er hatte gestern abend im Schaufenster einer Buchhandlung ein Buch entdeckt, in dem er sich wiederzufinden hoffte; er hatte die Bunzel geschickt, es zu besorgen – es war ja »Goldener Sonntag«. Er hatte zu lesen begonnen und erkennen müssen, daß wenig Aussicht bestand, sich in diesem Wälzer zu entdekken, daß es kein Buch für ihn oder er kein Leser für dieses Buch war, und hatte es entmutigt aus der Hand gelegt; und da lag es nun, ebenso dick wie vorwurfsvoll, auf dem gutbürgerlichen, gehämmerten Rauchtisch neben ihm.

Gab es das überhaupt, einen »Mann ohne Eigenschaften«? Ein Wesen ohne Gut und Böse, Haß und Liebe, Stolz und Demut, Trieb und Widerstand? War *er* so? Hieß das nicht: die Bedeutungslosigkeit, Gefühls- und Gesichtslosigkeit in Person! Ein Mensch ohne Behagen und Unbehagen? Ziervogel atmete auf. Er spürte Unbehagen und spürte zugleich, wie es – ein zum Balken anwachsender Strohhalm – in leises Behagen überging, ergriff den Balken, indem er nach Hut und Mantel langte, und trat in den verdämmernden Nachmittag. Gehen ist gesund, dachte er, gehen, ganz gleich, wohin. Ich lasse mich treiben.

Ein leichter Wind trieb ihn durch drei, vier Straßen und trug ihm Klänge zu. Er stand vor der Cäcilienkirche.

Wie lange ist es her? dachte er nach. Aber er gab es auf. Klingt schön, bestätigte er sich leise. Wenn man nicht das ölige Gerede mit in Kauf nehmen müßte ... Er wollte schon weitergehen, als die Musik abbrach und nach kurzer Pause wieder einsetzte, einen Sopran begleitend, dessen ungekünstelte Reinheit ihn aufhorchen ließ. Ziervogel ging nicht, sondern trat durch die leicht knarrende Tür in den Windfang. Dort blieb er stehen und lauschte. Er verstand, was gesungen wurde. Die Stimme war glasklar, hob Töne und Vokale und Konsonanten wie ein Stichel aus dem Metall. Es mußte ein Psalm sein. Schwermut, die ihre Fesseln sprengt und sich in wilder Sehnsucht ergießt.

Ziervogel schien, er fröstele in seinem pelzgefütterten Paletot, so sehr ergriff ihn ein innerer Schauder. Er mußte an den jüdischen Gottesdienst denken und den leidenschaftlichen Sänger, den er neulich, an seinem Radio fingernd, unvermutet gehört hatte: unverständliche und doch verstandene Klagemauer-Töne, jahrtausendealter Schrei nach Licht und Erlösung ... Bitten, Stammeln, Flehen vor einer verschlossenen Tür, vor der die Menschheit stand – im Windfang, wie Ziervogel jetzt. Nur: könnte sie so bequem eintreten, wie er es jetzt könnte? Ein Schritt, ein Druck – er wäre drinnen. Aber wo –, drinnen?

Ziervogel blieb draußen. Er hörte die Stimme, ihm war es genug. Er hörte und dachte: es ist die Stimme einer Frau, die wunderbar singt. Wunderbare Worte auch, aber die finden manche Leute eben. Der Ton macht die Musik.

Er war beinahe unglücklich, als die Stimme verstummte. Die Stille war quälend. Dazu dieses unbeherrschte Gehüstel, das die Leute partout nicht unterdrücken können, außer wenn sie vor militärischen Vorgesetzten stehen. Doch dann meldete sich wieder die Orgel, präludierte. Wo sollte das hinaus? Ziervogel glaubte sich auszukennen. Und er hatte recht. Jetzt setzte es vielhundertstimmig ein: ›O Heiland, reiß die Himmel auf!‹ ›Herab, herab vom Himmel lauf!‹

Die Masse, die Masse schafft es ... dachte Ziervogel wütend und wischte sich die aufsteigenden Tränen aus den Augen. Eine wütende Ergriffenheit, eine ergriffene Wut beseelte ihn. Seine ergriffene Seele wütete. Er knirschte mit den Zähnen und schämte sich in den Boden hinein für sich selbst, seine – Gefühlsduselei, die vor diesem Massenchoral ins Knie brach.

Ich gehe, dachte er entschlossen. Aber da fiel ihm ein Kronzeuge, ein Verteidiger ein, der ihn entschuldigte und freisprach, für die Unbestechlichkeit seiner Empfindung einstand.

Er entsann sich eines kleinen rundlichen Mannes, den er vor einer Reihe von Jahren, als er zu einem Geschäftsbesuch in

Paris war, hatte weinen sehen. Es war ein ungarischer Bauernführer, der zwei Reihen schräg vor ihm stand, bei einer Kundgebung für sein verratenes, niedergewalztes Volk, und der, umgeben von Tausenden Franzosen, die stumm und ergriffen der schwermütigen ungarischen Hymne stehend zuhörten, plötzlich diese Hymne zu singen begonnen hatte. Irgendwo sangen zwar noch ein paar mit ihm, mit schwacher, umflorter Stimme. Er aber, der kleine Bauer in der vordersten Reihe, sang laut und kräftig, so kräftig, daß es bis in die letzten Reihen des weiten Raumes zu vernehmen war; sang wie ein unbelehrbarer pausbäckiger Engel des verlorenen Paradieses der Freiheit, sang mit orgelnder trompetender, kehliger Stimme das Lied seiner Liebe hinaus, und die dicken Tränen kullerten wie Spielmurmeln aus seinen bauernschlauen Kinderaugen, rollten über die runden Backen und fielen wie Tau auf das alte Lied der Magyaren.

Wie kann ein Mann so inbrünstig singen und weinen dabei ...? fragte sich Ziervogel. Ich singe ja nicht.

Er bediente sich seines Taschentuches, pries die Verlassenheit des Windfangs und trat in den ebenfalls gepriesenen herandunkelnden Abend zurück.

Er ging ganz leicht, beinahe körperlos. Warum ist der Stock ganz aus der Mode gekommen? fragte er sich plötzlich. Hätte ich einen, würde ich ihn jetzt schwingen. So ..., er trudelte einen gedachten Stock zwischen Zeigefinger und Daumen. Weiß Gott, lachte er in sich hinein, der Jeremias hat recht: der Körper ist der Affe der Seele! Ich könnte tanzen.

Er verbrachte den Rest des Abends, beschaulich versunken in sein besseres Selbst, aß, trank, las in den dicken Wochenendausgaben der Zeitungen und schmeckte nun mit kindlichem Behagen das würzige Tränensalz auf der Zunge nach. Was tat's? Niemand hatte ihn gesehn. Das Leben war Privatsache. Ziervogel durfte Ziervogel kennenlernen. Für die Welt blieb er inkognito ...

Als legte er besonderen Wert auf diese These, gab er sich in den beiden folgenden Tagen betont geschäftlich und sachlich, konnte aber sich selbst nicht daran hindern, seine Leute eine Stunde früher als vorgesehen war, am Heiligabend aus dem Betrieb zu entlassen.

»Es wird ohnedies nichts getan«, sagte er achselzuckend, als er den Werkmeister unterrichtete. Außerdem habe er noch ein paar Wege vor. Bei alledem vermied er angestrengt, sich Rechenschaft darüber zu geben, was denn der Anlaß zu seinem unverkennbaren Wohlbefinden sein könnte; aber insgeheim wußte er den Grund wohl. Als er für Frau Jeremias ein etwas zu üppiges Blumenarrangement bestellte und für ihn eine halbe Hundertschaft erlesener holländischer Zigarren erstand, wäre er bereit gewesen, ihn zu nennen. Und als er den Klingelknopf drückte, gestand er ihn und sprach, in sarkastischem Erinnern dunkler Zeit, halblaut vor sich hin: »Der Jude ist an allem schuld.«

Später, als alle Aufregungen und Beschwerlichkeiten dieser Nacht überwunden waren, fragte sich Ziervogel zu wiederholten Malen, wie denn eigentlich dieser Heilige Abend im Hause Jeremias verlaufen war und was seinen Reiz ausgemacht haben könnte. Er entsann sich vieler Einzelheiten, die meisten beinahe nebensächlicher Natur, ohne sich erklären zu können, wie sie zu so schwerwiegender Summe zusammenschießen konnten. Daß man gut speiste und trank, ein müheloses Gespräch führte, welches vor allem der Doktor durch ergiebige Reminiszenzen an seine englische Zeit so lohnend machte, daß der geschmackvoll und zurückhaltend verwandte weihnachtliche Schmuck, darunter auch ein kleiner Christbaum, die beiden Wohnräume angenehm erwärmte, daß man ein wenig naschte von dem musikalischen Bunten Teller, den der Rundfunk bereithielt, sich auch hier und da in gelindem Spott gemeinsamer Bekannter kritisch annahm –, dies und anderes Nebensächliche mehr gehörte wohl zu dem selbstverständlichen Fundament natürlicher Geselligkeit. Wie aber war der »Oberbau«, der Raum entstanden, der Ziervogels Gemüt – von Seele wagte er nicht zu sprechen – so ins Schwerelose hob, der [und nun sagen *wir* es] diese seine flügellahme Seele verlockte, sich zu spannen, den neuen Raum auszumessen, Ungedachtes zu denken, Unausgesprochenes auszusprechen und dann, schließlich, Unerwartetes zu tun?

Ziervogel hatte, er wunderte sich dessen, auch aus seinem Leben manches preisgegeben, nicht wie ein Patient, der sich guten Rat damit erkauft, nein, einfach wie ein Mensch, der Bedürfnis und Gelegenheit vermählt, sich mitzuteilen.

Man war dabei natürlich auch auf den Grundakkord des festlichen Tages gekommen, und Ziervogel überraschte sich selbst dadurch, daß er Vorstellungen und Meinungen äußerte, die er in solcher Genauigkeit gar nicht zu besitzen vermeint hatte. Mit dem Geständnis, ein Freigeist zu sein, hatte er begonnen, und hörte sich – zu seinem größten Erstaunen – mit Einsichten enden, die ihn als einen heimlichen Eiferer entdeckten.

»Sieh da« – Frau Jeremias wiegte lächelnd ihr Mondhaupt – »Sie wissen mehr vom Christentum, als Sie zu wissen glauben.« Viel mehr sagte sie zu diesem Punkte nicht. Es schien auch als ausgemacht zu gelten, daß sie diesen Abend als Wiederkehr der Geburtsstunde einer Lehre beging, nach der sie zu leben gewohnt und in der sie zu sterben gewillt war.

War dies der große Raum gewesen, die beflügelnde Freiheit, die Ziervogel zu spüren meinte: daß da jeder der drei zu sich selbst stehen durfte – ohne Konvention, ohne Heuchelei, ohne Rechthaberei und Geringschätzung des Nächsten?

Wohl weil er Ziervogels lautlose Frage fühlte, sprach auch der Arzt ein paar Sätze erhellender Art zu diesem Thema.

»Ich spiele den Nathan«, sagte er versunken, sich in eine mächtige Rauchwolke hüllend, »und den Jeremias zugleich. Ich meine, daß es gleich ist, in wem wir den Urheber der geltenden Moralgesetze erkennen. Im Grunde leben wir noch immer nach den Zehn Geboten des Moses oder vielmehr: wir kämen mit ihnen zurecht. Das *meine* ich. Was freilich den Glauben betrifft, so glaube ich – für mich und die Welt –, daß wir noch immer im Advent leben. Feiert nicht in jedem Jahre die christliche Welt die Geburt des Erlösers? Die Krippe stört mich nicht, auch das Kreuz nehme ich an. Ich könnte sogar sagen, ich hätte es auf mich nehmen müssen – das Kreuz, Jude zu sein. Aber Erlösung? Ich kenne meine Texte. Sagt immerhin, wir hätten ihn getötet. Ihr habt ihn tausendmal getötet und werdet ihn weiter töten, Euern ... Erlöser. Ich liebe ihn mit der Trauer, mit der man ein totgeborenes Kind liebt.«

»Verzeih«, sagte er leise zu seiner Frau und legte die Hand auf ihre Sessellehne.

»Ich weiß ...«, erwiderte die kleine Frau und legte ihre wohlgepolsterte Linke auf seine magere Rechte ...

Es war kurz nach Mitternacht, als Ziervogel aufbrach. Jeremias rief ein Taxiunternehmen an. »Alle Wagen unterwegs!« lautete die lakonische Auskunft.

»Sie lügen«, sagte Jeremias spöttisch, »aber es tut nichts. Ich fahre Sie heim.«

Ziervogel lehnte das ganz kategorisch ab. »Ich gehe zu Fuß.«

Als er in die schneestäubende Nacht trat, war er fast dankbar, daß er zu Fuß gehen mußte. Er war weder müde noch gelaunt, die schwer deutbare Weite dieser Nacht so bald gegen die deutliche Enge seines Bettes einzutauschen. Immer tut man das Gewohnte und Gewöhnliche, dachte er überlegen. Ein ungewöhnlicher Abend! Ich werde ihn nicht sofort in den Daunen ersticken.

Er ging langsam, durch den Schnee stapfend, der ganz hübsch hoch lag, aber von kristallener Trockenheit war. Verächtlich, diese Sicherheit, in der sich die Leute ihrem Verdauungsschlaf hingeben! wollte er eben denken. Aber dann dachte er sofort: Laß sie schlafen. So sieht man sie nicht.

Als er die große Straße überquerte, die zum Bahnhof führte, verspürte er Lust auf ein Glas Bier. Der genossene Punsch hatte Durst in seiner Kehle hinterlassen. Er bog auf die große Straße und trat nach kurzem in die Bahnhofshalle.

Die helleuchtende Uhr ging auf eins. Die Halle war leer. Er betrat den Wartesaal erster Klasse, in dem drei oder vier Tische mit einzelnen Reisenden besetzt waren. Am Büfett kämpfte ein zweifelhaftes Paar um einen Kognak. Ziervogel bestellte eine Flasche Pilsener, zahlte sofort, gab ein großzügiges Trinkgeld und beschloß, nach Genuß des Bieres sofort wieder aufzubrechen. Er studierte den Wuchs des riesigen Tannenbaums, der in der Mitte des Wartesaales im Lichte vieler elektrischer Glühbirnen prangte, trank ruhig das kühle Bier und ging.

Auf dem Wege zum Ausgang bemerkte er das Leuchtschild »Wartesaal dritter Klasse« und empfand Neugier einzutreten.

Der Saal mit seiner verbrauchten Luft, ohne Christbaum, ohne Tischdecken, mit abgewetzten Bänken an den Wänden, ohne Kellner, mit geschlossenem oder verwaistem Büfett, war von unbeschreiblicher Trostlosigkeit und fast menschenleer. Hinten auf der letzten Bank schlief ein Mann; unweit von der Tür, zehn Schritte vor Ziervogel, saß eine Frau am Tisch, in gekrümmter Haltung, den Kopf auf den rechten Arm gelegt. Auch sie schien zu schlafen. Trostlos! dachte Ziervogel und wollte sich wenden, als ihn die Stimme eines Lautsprechers aufhielt.

»Der Schnellzug nach Innsbruck, Abfahrt ein Uhr fünfunddreißig« – so leierte es lieblos – »hat voraussichtlich 125 Minuten Verspätung.«

Ziervogel sah, wie die Frau sich aufrichtete und unsicher lauschte. Aber die Ansage wurde nicht wiederholt. Er spürte, daß hier etwas zu klären war, und trat langsam zu der Frau. Diese erhob sich etwas mühsam und fragte ängstlich: »Was sagen?«

Ziervogel wiederholte, irgendwie bedrückt, die Ansage des Lautsprechers.

»Verspätung?! Wieviel?«

»Etwa zwei Stunden ...«, sagte Ziervogel schuldbewußt.

Die Frau öffnete den Mund zu einem lautlosen Schrei. Ziervogel überhörte ihn nicht. Aber das Bewegendste an diesem Gesicht waren die Augen, braune, weitaufgerissene, vor Müdigkeit fiebrig glänzende Augen, Augen einer gepeinigten, getäuschten, verzweifelten Kreatur, die vor Erschrecken überflossen. Die Augen einer Gebärenden ...

Jetzt erst bemerkte Ziervogel, daß die Frau schwanger war, und zugleich begriff er, daß sie ihn kurz zuvor an die Augen seiner Frau erinnert hatten, an ihren Blick vor der Geburt des mißratenen Sohnes, ihre angstvollen, aufgerissenen Augen, die nach einer Hilfe schrien, nach einer Hilfe, die niemand gewähren konnte. Blicke des Muttertieres, gurgelnde Tiefen, stöhnende Höhlen, sturmumwitterte Teiche, gefüllt mit Wassern der Schwermut, der Ohnmacht und Verlassenheit ...

»Der Menschheit ganzer Jammer packt mich an«, schoß es Ziervogel durch das zitatenentwöhnte Hirn. Er fühlte leichte Atemnot und einen stechenden Schmerz in der Nähe des Herzens.

»Setzen Sie sich«, sagte er und setzte sich noch vor der Frau; er war im Augenblick nicht sicher, wen er angesprochen hatte. Die Frau setzte sich schwerfällig, ihre Miene bekam etwas völlig Unbestimmbares, wurde leer, ausdruckslos, überzog sich mit tödlicher Blässe ... und dann war es, als ob ein Sensenhieb eine Staude niedermähte: ihr Kopf fiel auf die Tischplatte, ihre Schultern zuckten, die gelblichen Hände krallten sich ineinander, als wollten sie sich an etwas festhalten, das nicht da war. Die Frau schluchzte fassungslos.

Ziervogel betrachtete erst prüfend seine behandschuhte Rechte, ehe er sie auf die Schulter der Frau legte; sanft, begütigend klopfte er etwas ungeschickt auf ihr herum, beruhigend, zur Beherrschung mahnend.

Ziervogel glaubte zu wissen, was hier zu erraten war: Fremde, eine Leidenschaft, Treulosigkeit, Verlassenheit und nun – Flucht zurück, ins Gewohnte, Heimatliche, das – bei aller nun fragwürdig gewordenen Heimatlichkeit – doch letzte Rettung schien.

Dies also fühlte er, wußte er, und so fragte er nur nach dem Wohin, fragte behutsam, unaufdringlich, und schließlich verstand er das Wort »Palermo«.

Die Capella Palatina, Monreale, der Dom, der Kreuzgang des Klosters ... Ziervogel nahm die Hand von der Schulter der Italienerin und legte sie auf die Schulter seiner verstorbenen Frau. »Schön!« hörte er sich sagen. »War das nicht eine kluge Idee, die Hochzeitsreise nach Sizilien zu machen?«

Er sah das dankbare Lächeln seiner Frau, die nur einverständig nickte, sah in ihre guten, wasserblauen Augen, und in denen war alles zu lesen, was sie zu sagen sich wohl scheute. Es ist ja nicht notwendig, daß man alles ausspricht – die Menschen reden ohnedies zu viel von ihren Gefühlen. Und weil Ziervogel selbst nicht das Talent besaß, große Worte zu machen, war er durchaus zufrieden gewesen mit dieser lautlosen Antwort.

Es waren auch nicht die schönen, gemeinsam aufgespürten Dinge allein, die den Reiz dieser Reise ausmachten. Gewiß, es gab Augenblicke, da man sich geradezu auf einen anderen Stern versetzt glaubte, auf dem es kein Geschäft gab, keine Konkurrenz, keine Herstellungssorgen. Im Grunde aber entsprang diese gemächliche und wohlgesteuerte Jagd nach »Schönheit« wohl vor allem dem Bedürfnis, den höhergestimmten Gefühlen einen besseren Resonanzboden zu bieten, als der Alltag ihn bereithält. Wozu fahren die neuvermählten Paare in den Süden, wollen unter Palmen wandeln, Sonnenuntergänge am Meer betrachten, auf den Stufen von Tempelruinen sitzen? Außergewöhnliche Empfindungen wollen eine außergewöhnliche Kulisse. Hat man je vernommen, daß Hochzeiter in den Kohlenpott fahren?

Ziervogel lebte nicht im Rausch; er errechnete noch gewissenhaft das gebührliche Maß der Trinkgelder, hielt auf ein gewisses Programm, ließ sich sogar die wichtigste Post nachsenden (um hernach keinen Ärger zu haben, wie er vor sich selbst argumentierte). Er sah diese nach reiflicher Überlegung geschlossene Ehe auch nicht unter einem dynastischen Gesichtswinkel. Aber wer eine Ehe eingeht, darf auf Nachkommenschaft hoffen. Wenn man einmal die Sechzig erreicht haben sollte, würde es gut sein, einen oder auch einige Söhne zu haben oder zumindest einen Schwiegersohn. Der Mensch – oder sagen wir doch: der Normalmensch – rackert sich nicht ab irgendeines Ideals wegen. Er braucht konkrete Ziele, handgreiflichen Anlaß, um bei Atem zu bleiben. Angehörige, Kinder vor allem, veredeln das angeborene Gewinnstreben: Man arbeitet für sich und den eigenen Kreis und kann sich dennoch darauf berufen, ein Altruist zu sein.

Nicht, daß Ziervogel in Taormina oder Agrigent oder sonstwo während dieser sizilischen Tage seine Zuneigung mit der Spekulation auf einen Erben verknüpft hätte. Aber daß ihm, hier und überhaupt, der Gedanke an ein künftiges Ziervögelchen kein Behagen und keine Vorfreude verursacht hätte, wird man nicht annehmen dürfen. Ziervogel bestand nicht darauf, einen Sohn zu haben; aber er wünschte sich einen. Nicht allein »für das Geschäft« – obwohl auch dies. Aber darüber hinaus teilte auch dieser Praktiker das uneingestandene Verlangen aller Väter, sich von einem Sohn überholt, übertroffen zu sehen. Man braucht keine schlechte Meinung von sich selbst zu haben, um solchen Wunsch zu verspüren. Die Menschheit entwickelt sich fort. Zum Beispiel nimmt sie an Körpergröße zu. Auch der

Sinn fürs Technische soll sich zunehmend schärfen. Auf jeden Fall glaubte Ziervogel, nicht im vorhinein ausgeschlossen zu sein von der Möglichkeit, auch seinerseits einen kleinen Beitrag zu leisten zur Vervollkommnung dieser unvollkommenen Welt.

Er entsann sich noch gut der abendlichen Stunde, da sie in Palermo – wenige Stunden vor der Heimfahrt – das Abendessen nahmen und seine Frau mit leiser Stimme, einen Pfirsich schälend, ihm verriet, daß sie glaube, »guter Hoffnung« zu sein. Weiß Gott, so drückte sie sich aus, in dieser uralten, abgedroschenen Redewendung unserer Vorväter.

Mag sein, daß Ziervogel, hätte es ihn nicht selbst betroffen, gelächelt oder gar gewitzelt haben würde über diese allzu verbrauchte Wendung (obwohl er im allgemeinen keine Abneigung verspürte gegen herkömmliche und erprobte Redensart). Aber in diesem Augenblick hatte er Mühe, eine plötzlich aufbrechende Rührung zu verbergen: das Wort klang so frisch, es traf so genau seinen Nerv, daß er es annahm wie ein kleines Evangelium. Hoffnung – das war es doch, was ihn heimlich beflügelte. Und daß es eine gute Hoffnung war, bedarf doch keiner Versicherung. Ist Hoffnung auf ein Kind nicht immer *gute* Hoffnung? Und da sie ihrer Sache noch nicht ganz sicher war – durfte sie da nicht von Hoffnung sprechen? – Sie war noch ganz Blüte, ganz bräutlich schlank – beileibe nicht so schwerfällig und entstellt wie diese Frau da, die auch »in der Hoffnung« war. Und auch sonst gab es nichts an dieser armen Person, das an seine verstorbene Frau erinnert hätte. War es nur das Wort »Palermo«, das hier gezündet hatte?

Ziervogel fragte sich nicht; es war keine Zeit dazu. Er mochte auch nicht weiterdenken in diesen Bahnen, die unweigerlich bei seinem mißratenen Sohn enden mußten. Jene Hoffnung hatte sich nicht erfüllt, so freundlich sie damals auf ihn zukam. Nun ging es um diese Hoffnung da, die vielleicht niemand hegte; kein Vater hoffte ja mit, und die Mutter fürchtete das Kommende gewiß. Aber auch ohnedies oder gerade trotzdem blieb es wohl dabei, daß ein neuer Mensch eine neue Hoffnung ist. Und da niemand sich zu ihr bekannte, hatte Ziervogel sie wohl stellvertretend zu übernehmen.

Er legte seine Hand vorsichtig zurück auf die Schulter der Frau und bemerkte, daß sie zitterte.

»Das geht nicht!« sagte er überhastet und ohne viel nachzudenken. »Sie müssen ins Bett. Raus hier! Sie gehen ja kaputt. Kommen Sie! Ich schaffe Rat. Kommen Sie!«

Er nahm den dürftigen Pappkoffer, der unter dem Tisch stand, und nötigte die Frau sanft am Oberarm vom Stuhl hoch. Die sah ihn ratlos an.

»Kommen Sie!« wiederholte er beinahe barsch. »Ins nächste Hotel! Schlafen Sie aus. Morgen vormittag gibt es drei Züge. Sie müssen liegen, ruhen. Ich zahle alles!«

So etwas sagt man, dachte er flüchtig. Blödsinnige, großmäulige, lächerliche Redewendung!

Die Frau folgte ihm, wie ein Kalb am Halfter, durch die leere Halle. Drüben lag das Bahnhofshotel, nicht eben renommiert, aber immerhin. Ziervogel läutete, einmal, zweimal, dreimal. Es rührte sich nichts. Die sind versorgt, dachte er. Absteigequartier!

Er versuchte es weiter im »Fürstenhof«, hundert Schritte davon. Dort erschien sofort der Nachtportier.

»Sie kennen mich«, sagte Ziervogel.

»Bedauere«, sagte der Portier. »Was wünschen Sie?«

»Ein Einzelzimmer für diese Frau; zu meinen Lasten!«

Der Portier musterte die Frau abschätzend.

»Sie ist hoch in den Umständen«, sagte er kritisch.

»Mehr oder weniger hoch« – sagte Ziervogel bissig – »wird das Trinkgeld sein, das ich Ihnen gebe. Ist ein Zimmer frei – ja oder nein?« Der Portier ging, um nachzusehen. Offenbar wollte er Zeit gewinnen, den Fall zu überdenken. Er war neu. Das riet ihm Vorsicht an. »Nichts zu machen«, sagte er dann, unsicher und feige die Achseln zuckend.

»Sie schwindeln!« fuhr ihn Ziervogel an.

»Unter diesen Umständen ...«, ermannte sich der Portier und schloß die Tür.

»Madonna, madonna ...«, seufzte die Frau. Sie zitterte in ihrem Fähnchen von Mantel.

»Pack!« sagte Ziervogel. »Elendes, entmenschtes Pack.«

Er stand ratlos im rieselnden Schnee.

In diesem Augenblick hörte er Motorengeräusch, sprang rasch auf den Fahrweg und winkte dem entgegenkommenden Wagen. Es war ein Taxi. Ziervogel schleuderte den Pappkoffer in den Wagen, bugsierte die Frau in den Fond und setzte sich neben den Fahrer.

»Wohin?« fragte der.

Ziervogel legte seine Hand auf dessen Arm. »Moment«, sagte er und überlegte kurz. Dann nannte er Straße und Nummer seines Hauses. Schöne Bescherung, dachte er, aber es ist die einfachste Lösung; ich stecke sie ins Bett von der Bunzel. Er überlegte noch, ob er das Bett frisch beziehen müsse, für wann er seinen Fahrer bestellen solle, daß er den Fahrplan noch studieren würde –, da hielt der Wagen schon vor seinem Gartengitter. Er entlohnte den Chauffeur, dann half er der Frau aus dem Wagen.

»Hotel?« fragte die ängstlich.

»Das einzige, das Sie aufnimmt«, sagte Ziervogel. »Kommen Sie!« und ging ihr voran. Er schloß auf. Die Frau trat zögernd ein. »Hotel?« fragte sie wieder. »Herrgott«, sagte er wütend. »Dies ist mein eigenes Haus. Ein ehrsames, wohlausgestattetes Haus.«

»Wo schlafen?« fragte die Sizilianerin bittend.

»Hier«, sagte Ziervogel beherrscht. »Hier – bei der Bunzel.«

»Der Bunzel?«

»Die Bunzel!«

»Wo schlafen, bitte, wo schlafen?«

Ziervogel mußte plötzlich lachen. Es war ein Lachen, aus schierer Verzweiflung, Überfordertsein und krampfhafter Erheiterung gemischt, ein einmaliges und darum vielleicht mißverständliches Lachen. Die Sizilianerin griff ihren Pappkoffer, und mit der Geschmeidigkeit einer Katze zwängte sie ihren schwangeren Leib durch die noch nicht geschlossene Tür und floh.

Ziervogel wollte sich eben resignierend an die Wand lehnen, als er einen Fall und einen Schrei hörte. Er riß die Haustür auf und sah das Ende der Flucht. Unten, vor der letzten Stufe der Treppe lag die Frau, die ausgeglitten war. Sie wimmerte.

Ziervogel ging langsam zu ihr. »Dummerchen«, sagte er mitleidig. »Was hat das für einen Sinn? Ich will helfen, und du nimmst es nicht an. Komm! Du kannst hier nicht im Schnee liegenbleiben. Du erfrierst ja.« Er half der Stöhnenden auf, stützte sie in den Hausflur, setzte die nun völlig Willenlose in der Diele in einen Sessel, holte den Koffer und schloß die Haustür. »Weh getan?« fragte er teilnehmend. Die Frau, geschlossenen Auges, antwortete mit einem Stöhnen.

Ziervogel redete mit Engelszungen auf sie ein.

»Wird alles gut werden; alles, alles! Erst einmal ausschlafen! Scheint doch nichts gebrochen zu sein, Glück im Unglück. Kein Grund zum Verzweifeln ...« Er sah, wie zwei Tränen über die Wangen der Frau flossen. Sogar ihre Tränen sind kümmerlich, dachte er mitleidig. »Tutto bene«, sagte er unsicher. Und noch leiser: »Cara mia ...«

Um ein Haar hätte er sich niedergekniet. Aber plötzlich lief er ans Telefon und wählte die Nummer des Dr. Jeremias. Mit fetzenartigen Sätzen klärte er den Doktor auf, beschwor ihn, sofort zu kommen.

»Ich komme«, sagte Jeremias. »Ich komme sofort.«

Über die nun folgenden zehn oder zwölf Minuten hätte Ziervogel schwerlich genau berichten können.

Zunächst versuchte er, die Sizilianerin in den ersten Stock zu führen, wo das Zimmer der Bunzel lag. Aber auf den ersten Stufen versagten ihr die Kräfte. Er ließ sie wieder hinsitzen, hastete hinauf an den Wäscheschrank, riß heraus, was ihm in die Hand geriet, stürzte endlich mit zwei Laken und einem Kissenbezug an der Frau vorbei und bezog sein eigenes Bett frisch. Dann versuchte er, sie in sein Zimmer zu bringen; aber auch das mißlang. In dem verzweifelten Bestreben, irgend etwas Sinnvolles zu tun, lief er in die Küche und setzte einen Wasserkessel auf. »Ich koche Tee«, sagte er dreimal laut vor sich hin, als schulde er sich Rechenschaft. Dann brachte er der Frau ein Glas Wasser. Bei dem Versuch, ihr etwas einzuflößen, verschüttete er ein Teil, sah aber zufrieden, daß sie den Rest trank. Er entledigte sich seines Rockes und mühte sich noch einmal, die Sizilianerin auf die Beine zu bringen. Sie versuchte aufzustehen, und es gelang. Aber gleich rutschte sie wieder zusammen. Herrgott! dachte er verzweifelt. Wo bleibt der Jeremias!? Wo bleibt er nur!!

Da quietschten draußen die Bremsen; er stürzte hinaus und sah den Doktor, dem dessen Frau folgte, die Stufen heraufkommen. Aber es war gar nicht seine Frau. Es war die kleine dicke Lichtwark, Hebamme und Geburtshelferin, staatlich approbiert, sonst nur noch von armen Leuten angefordert, jetzt aber heranstampfend im Bewußtsein einer Göttin, die eine Schlacht zu wenden hat.

»Wo legen wir sie hin?« fragte Jeremias ruhig.

Die drei faßten die Sizilianerin und trugen sie in Ziervogels Schlafzimmer.

»Wir brauchen heißes Wasser«, sagte Jeremias.

»Das Teewasser kocht schon«, sagte Ziervogel eifrig.

»Teewasser ...«, meinte Jeremias lächelnd und drehte den Warmwasserhahn im Badezimmer auf. »Bringen Sie eine Wanne.«

Ziervogel lief in den Keller, stemmte eine große Zinkwanne mühsam die Treppe hinauf und schleppte sie ins Zimmer, wo die Lichtwark die Frau mit Hilfe des Doktors entkleidete.

»Tücher!« sagte der Doktor, und Ziervogel eilte wieder in den ersten Stock an den Wäscheschrank und griff einen Packen Handtücher.

»Danke!« sagte Jeremias ruhig. »Wenn Sie ein Nachthemd hätten ...«

Ziervogel hastete wieder treppauf und zog aus dem Bunzel-Fach ein langes leinenes Nachthemd. Er konnte nicht verhindern, sich vorzustellen, wie die Bunzel darin aussähe. Es muß ihr zu lang sein, dachte er, die Treppe hinabsteigend. Und dann: Warum habe ich ihr freigegeben!

»Es ist gut so«, sagte Jeremias.

»Ja, es ist gut, daß sie frei hat«, sagte er, in seine Gedanken verloren. »Was noch?«

»Setzen Sie die Instrumente in einen Topf auf den Gasherd und gießen Sie kochendes Wasser darüber. Ihr Teewasser.«

Ziervogel tat es. Er tat alles, was Jeremias ihm auftrug, und als der nichts mehr von ihm verlangte, setzte er sich auf einen Küchenstuhl und wartete. »Schöne Bescherung!« seufzte er. Aber es war ihm nicht ernst damit.

Einmal schlich er an die Tür seines Schlafzimmers, aber es trieb ihn gleich zurück. Er konnte das nicht mit anhören. Der

Mensch ist ein Tier, dachte er, ein armes, geschundenes Tier. Und weil er denkt, muß er noch mehr leiden!

Er ging an den Kühlschrank und goß sich einen Kognak ein, doch er trank ihn nicht. Irgend etwas hielt ihn davon ab. »Aber eine Zigarre darf ich rauchen«, sagte er halblaut zu sich selbst.

Er holte seinen Rock, der im Flur lag, entnahm das Etui und entzündete eine Brasil. Dann trank er auch den Kognak. Das Leben will sein Recht, dachte er trotzig und schenkte sich einen zweiten ein. Aber den ließ er eine ganze Weile stehen. Er wartete. In fünf Minuten nehme ich ihn, dachte er schließlich und sah auf seine Uhr.

Eben hatte er den Kognak gierig hinuntergekippt, da kam Jeremias, in seinem weißen Kittel, legte kurz seine Hand auf Ziervogels Schulter, zog einen Stuhl unterm Küchentisch vor und setzte sich.

»Geben Sie mir auch einen ...«, sagte er leise.

Ziervogel schenkte ihm ein, seine Hand zitterte.

»Nun?« fragte er.

»Eine Frühgeburt«, sagte Jeremias ruhig.

»Junge oder Mädchen?«

»Ein Knabe.«

Ziervogel wußte nicht warum, aber er lächelte. Ein Christkind, dachte er. Und er sann nach: Warum sage ich's nicht? Ich bin zu feige, oder warum sage ich's nicht?

Während er sich eingoß, sagte er unsicher und rauhkehlig:

»Ein – Christkind also.« Er wagte nicht aufzublicken. Aber weil lange keine Antwort kam, sah er dann doch auf.

Er sah in das graue, noch grauer, das faltige, noch faltiger gewordene Gesicht des alten Juden, der ihn mit seltsam sinnendem Blick musterte, in dem Weisheit, Trauer, Entsagung, Mitleid und Ergebenheit versteint schienen.

Wie ein Prophet sieht er aus! schoß es Ziervogel durchs Hirn.

»Reden Sie doch!« stieß er beinahe flehend hervor.

»Ein totgeborenes Christkind«, sagte Jeremias tonlos.

Ziervogel fühlte einen stechenden Schmerz, ohne davon bedrängt zu sein, einen stechenden und zugleich weckenden Schmerz. Er hatte das Gefühl, hintergangen zu werden, betro-

gen zu sein – er wußte nicht, um was. Er schüttelte einige Male den Kopf.

»Doch, doch ...«, sagte Jeremias.

»Nein«, entgegnete Ziervogel hart. »Ich meine«, stotterte er. »Ich meine nur ...« – er verstummte.

»Ich weiß«, sagte Jeremias, griff seinen Arm und drückte ihn kurz. Dann gab er einige Anweisungen. Die Lichtwark würde bleiben, die Sizilianerin könnte man morgen vormittag ins Krankenhaus schaffen.

»Muß es sein?« hörte Ziervogel sich fragen.

»Bedenken Sie die Umstände!«

»Keine Umstände!« hörte Ziervogel sich sagen.

»Wie Sie wollen«, sagte Jeremias warm. Er stand auf und gab ihm die Hand. »Ich komme in ein paar Stunden wieder. Bringen Sie der Lichtwark ein paar Decken und gehen Sie ins Bett. Es ist drei Uhr.« Ziervogel geleitete den Alten an die Gartentür, sah zu, wie er in den Wagen stieg, und wartete, bis der Motor ansprang. Das brauchte eine Weile.

Ziervogel blickte zum Himmel. Kein Stern war zu sehen. Er begann zu frösteln in der trockenen Kälte. Eben wollte er sich wenden – da trieb es ihn zurück.

»Trotzdem!« rief er plötzlich. »Trotzdem!!«

Jeremias drehte das Fenster halb herunter. Freundlich gab er zurück: »Ja, lieber Ziervogel, trotzdem ...«

Bericht des alten Hirten

Weil ihr mich drängt, so will ichs erzählen …
Ach, es ist eine herbe Geschichte. Früher,
wenn ich sie sagte, tat ich mich wichtig,
schmückte sie aus. – Nun rüst ich zum Sterben.
Hört denn die Wahrheit, die reine und nackte
Wahrheit. Und die verlangt nicht nach Schmucke.
Augen will sie, sehende Augen;
Ohren, die hören; Herzen …

Hütejunge
war ich im ersten Winter, der wie eine
gläserne Glocke über dem Land stand,
das klirrte im Frost. Und die Nächte
waren nicht tragbar ohne ein Feuer.
So eine Nacht wars. Ich hatte ein wenig geschlafen,
eng an die andern Buben gedrückt. Da
weckt uns Elias, einer von uns, der immer umherstrich.

Ich weiß noch, wie er uns weckte, und seh ihn,
bebend in seinem fadenscheinigen Mantel
und bebend vor Mitleid, ans Feuer treten.
»Schlaft nicht!« rief er, vom Zucken der Flammen
jäh überhuscht. Er riß uns am Ärmel,
ungeduldig, fast zornig. »Schlaft nicht! Dahinten
geht es ums Leben!«

Wir mußten
Holz aufnehmen und Käse und Brot,
Milch in den Krug tun. Dazwischen
warf er in Brocken das fremde Begebnis und trieb
uns und die Älteren, die murrten, zur Eile.
Er schürte die Neugier, schürte das Mitleid und war
fast wie der Engel, der nachts den Tobias
auftrieb zur Reise.

Wir kamen
an eine windschiefe Hütte. Ein Stall wars. Da
stand noch ein magerer Ochse. Ein Esel auch lag

traurig im Winkel. Doch trauriger noch
waren die Menschen: Im Heu
lag eine jüngere Frau und wand sich in Wehen.
Rührend, mit frostblauen Händen, Tränen im Bart,
drehte sich hilflos und tappig ein guter
Alter im Kreise fruchtlosen Tuns:
da rief ihn die Frau an – da rauchte das Feuer –
da losch die Lampe im Windzug ...
Wir kamen –
da ließ er von alledem und kniete
schluchzend zum Weibe. Ihr wißt nicht,
wie viele Hände man hat, wenn das Herz will.
Felle und Decken warfen wir über die beiden,
rieben dem Alten die gichtigen Finger, flößten
Milch in die fiebernde Frau. Wir Jungen
mußten draußen ein Feuer zünden und Wasser
hitzen. Wir waren [versteht sich] im Wege.
Indessen taten die Hirten drinnen, was not war.

Auf einmal war da ein Schrei. Eine Schnuppe –
ich sehs noch! – fuhr durch den Himmel. Wir wußten:
Einer ist mehr auf der Welt. Und gerufen
traten wir dann in den Stall, zuvörderst Elias.
Wir sahen das Kind. Es gehörte den beiden
nicht mehr als uns allen! Und plötzlich war jedes
von grundauf verändert. Der Alte war selig.
Er ging wie ein Tanzbär rund um das Lager
und sah auf die Frau. Die lag auf dem Stroh,
bleich wie der Tod; doch über der Blässe
blühte, wie Krokus im Schnee, ein Lächeln;
das war unbeschreiblich.
Singend
zogen wir heim. Wir versorgten die drei
täglich mit allem. Nach Tagen
kamen auch fürstliche Herren zu Roß. Sie kamen
sicher aus anderer Welt. Die Hiesigen, fürcht' ich,
haben die Straße verfehlt zu unserem Kinde.

Ich aber sah es und gehe in Frieden.

Der Traum des Balthasar

»Balthasar!« rief es. »Balthasar, steh auf!« Balthasar rieb sich die Augen und sah den Engel, einen großen, schlanken, weißhäutigen Engel, so wie ihn alle kennen. Kennen sie ihn alle? Wer von den Lebenden sah schon einen Engel? Balthasar sah ihn und wurde grau im Gesicht. Er zitterte.

»Fürchte dich nicht, Balthasar!« sagte der Engel freundlich. Fast immer sagen die Engel »Fürchte dich nicht!« Aber hat es einer der Lebenden schon mit eigenen Ohren vernommen? Balthasar hörte es, und ein ungläubiges Lächeln ließ ihn die runde Lippe lüften.

»Du hast schöne Zähne«, sagte der Engel anerkennend und nickte ernst. Balthasar enthüllte sie ganz. Er freute sich wie ein Mädchen.

»Ich habe einen Auftrag für dich«, fuhr der Engel fort. »Steh schnell auf!«

Balthasar warf die braune Wolldecke ab und erhob sich. Der Engel betrachtete ihn. »Du bist groß und stark. Dein Haar ist dick und kraus, deine Hände – zeig sie! – ja, sie sind gut. Du mußt noch die Nägel säubern. Aber nun komm. Wir haben keine Zeit zu verlieren.«

»Meinen Mantel ...«

»Du brauchst ihn nicht.« Der Engel ergriff ihn am Arm und schob ihn durch den schmalen Gang, der zwischen den rechts und links und übereinander aufgestellten Betten zum Ausgang führte.

»Ich muß noch vierzig Cents zahlen für die Nacht!« Balthasar fiel es schreckhaft draußen ein ... »... und die Nudeln von gestern abend.« Aber noch ehe er in die Tasche langen konnte, war er schon emporgehoben und flog mit dem Engel davon.

Wahrhaftig, er flog. Manchmal war er – im Traume – von einer hohen Treppe gesprungen, war mit Armen und Beinen durch die Luft gerudert und immer um ein geringes über den Stufen geblieben, bis er schließlich mit dem sanften Aufsprung einer Katze unten gelandet war. Kein Flug über den Ozean

FM

konnte so entzücken wie diese ehrlich geflogenen dreißig oder vierzig Schritte! Denn es war Lüge: Die Menschen selbst können nicht fliegen! Kein Mensch war je geflogen, wie jetzt Balthasar flog.

Freilich, der Engel half dabei. Er hatte ihn an der Hand gefaßt. Aber Balthasar spürte da weder Druck noch Zug. Ob ich ihn loslassen kann? dachte er eine Sekunde lang.

Aber da sah er unter sich die dunkle Erde und verbannte seinen Gedanken.

Es ging auch schon erdwärts. Er spürte es genau. Dieses Gefühl kannte er aus seinen Träumen. Wie gut, daß er es kannte! Er würde nicht straucheln beim Niedergehen.

»Folge mir«, sprach der Engel und ging voraus, ein Stück Kiesweges, wie sie durch die Gärten der Reichen laufen, dann ein paar Stufen hinan und durch ein Portal, das sich lautlos auftat und wieder schloß. Balthasar sah sich in einem hohen Saal. Aber der Saal war leer. Nein – da saßen zwei Männer in einer Ecke. Männer? Ah! Große Herren! Fürsten oder Präsidenten, oder Könige gar.

Er stand und staunte.

»Balthasar!« rief der Engel streng. Er war schon um etliche Schritte voraus, und Balthasar beeilte sich, ihn wieder einzuholen. Die beiden Männer in der Ecke erhoben und verneigten sich; einmal gegen den Engel, das andere Mal – gegen ihn.

Balthasar war sehr verlegen und machte eine mißglückte Verbeugung.

»Nimm das!« Der Engel wies auf einen Sessel, über den ein weißes, langes Hemd gebreitet war, das seidig glänzte. Darunter lugte ein roter bestickter Mantel hervor.

Balthasar sah den Engel mit krauser Stirn an.

»Warum quälst du mich?« fragte er leise.

Der Engel sah ihm in die Augen und lächelte freundlich. Er sagte nichts, aber sein Blick fiel so gütig auf ihn, daß er plötzlich in der Mittagssonne zu stehen vermeinte. Warm wurde ihm, wohlig warm. Das wollene Trikot kratzte auf einmal auf der Haut. Er streifte es kurz entschlossen über den Kopf und ging auf den Sessel zu, nicht ohne noch einmal ungläubig den Engel anzusehen. Der nickte.

Da warf er das weiße Hemd über sich, das wie ein Meerwind seine dunkle Haut berührte, knüpfte die rote Kordel um den Leib, zog die schönen Sandalen an und legte den Mantel um die muskelprangenden Schultern. Dann wendete er sich langsam zu den anderen. Er sah, daß sie sich verneigten. Da verneigte auch er sich tief und fühlte, wie ihm eine dicke Träne auf seine große Zehe fiel.

Als er dann wieder aufsah, war das Portal geöffnet. Draußen hörte man Pferde schnauben und Zaumzeug leise klirren. Sie schritten zum Ausgang und sahen, daß sie erwartet wurden.

»König Kaspar!« rief der Engel und schob den einen der beiden Könige sanft hinaus. Eine Gruppe löste sich aus der Menge und empfing ihn mit gekreuzten Armen und auf und nieder pendelnden Rücken. Sie führte ihm ein feurig tänzelndes Pferd zu.

»König Melchior!« rief der Engel, und Balthasars Nebenmann trat hinaus. Eine kleine Karawane mit käuenden Kamelen und Dromedaren bewegte sich ihm entgegen. Alles ging leise und feierlich zu. Der Mond verbreitete eine geisterhafte Helle. Wo war er? Aber Balthasar, der einen Blick zum Himmel wagte, konnte ihn nicht entdecken. Er sah nur einen großen, hellen Stern – wohl den Morgenstern – am Himmel stehn. Wenn man ihn genauer ansah ...

»König Balthasar!« ertönte die Stimme des Engels. Balthasar erschrak. Vielleicht vor seinem eigenen Namen, vielleicht vor dem Mißbrauch, den sein Taufname angesichts eines gleichnamigen Königs bedeutete, vielleicht, weil er die Hand des Engels plötzlich an seinem Arm spürte. Er zuckte zusammen und duckte sich, als ob es Schläge setzen sollte, denn der Engel hob jetzt seine Hände gegen ihn. Aber da sah er in ihnen einen dunkel leuchtenden Reif, der einen blitzenden Stern trug.

»Komm«, sagte der Engel und legte den Reif auf sein wolliges Haar. »Zieh mit den anderen, immer dem Stern nach. Ihr könnt den Weg nicht verfehlen.« Dann winkte er einer dritten Gruppe und schob Balthasar sanft hinaus.

Guter Gott, dachte dieser und begann zu zittern. Er blieb auf der Treppe stehen und ließ die Leute herankommen. Sie trugen Turbane und hohe weiße Mützen, wie die Köche sie zu tragen pflegten. Ein riesiger Bursche mit so einer Mütze ging an ihrer Spitze. Kannte er ihn nicht? Balthasar erstarrte. War das nicht der Koch, der ihn vorgestern etliche schmerzliche Male mit dem großen Löffel über den Kopf geschlagen hatte, weil er ein Stückchen Leber in die Backe geschoben hatte? Balthasar sah, daß er den Löffel nicht bei sich trug, und wurde ruhiger.

Jetzt trat der Kerl an die unterste Stufe, machte eine Verbeugung und sagte respektvoll: »Komm, König!« Ein Windstoß bauschte den roten Mantel und erinnerte Balthasar an sein kostbares Gewand. Er fuhr, wie um seine Schläfe zu reiben, mit der Linken an seinen Kopf und tastete dabei listig mit dem kleinen Finger, ob der Kronreif noch da sei.

Er war da.

»König Balthasar, eile dich!« rief da von hinten der Engel. Und Balthasar beschloß zu glauben, daß er träume, raffte Hemd und Mantel und schritt durch die kurze Gasse seiner Begleiter. Im Vorübergehen sah er noch Jim, den Hafenarbeiter, und Jesse, den Barbier, und wollte ihnen zunicken. Aber die schienen ihn nicht zu erkennen. Er bestieg den Sattelsitz unter dem Baldachin, den ein mächtiges Kamel trug, schwankte fürchterlich einmal nach vorwärts, einmal nach rückwärts, sah die anderen sich in Bewegung setzen und trieb auf den Wellen eines rätselhaften Glückes in der Kabine des Wüstenschiffes dahin ...

Meine alte Mutter müßte das sehen, dachte er. Und der gallige Lehrer, der mir so oft Tatzen zuteilte. Und die sanfte junge Helen. Und der patzige Kerl, dem ich neulich den Wagen nicht gut genug wusch. Und der und der und die und die. Balthasar wußte so viele, die es hätten mit ansehen müssen. Er war mit den dreien nicht zufrieden, die er hier angetroffen hatte. Sie hatten ihn nicht erkannt. Warum nur?

Er sah an sich herab. Bin ich's denn? Er hob das seidene Hemd, denn ihm fiel seine alte und ausgefranste Hose ein. Da war sie. Er schlug sie zwei-, dreimal nach oben um, bis fast an die Kniekehlen. Wo mochte die seltsame Reise hingehen!

Er sah hinaus nach seinen Begleitern. Sofort trieb einer sein Reittier neben ihn und reichte ihm ehrerbietig eine Flasche. Balthasar nahm einen feurigen Schluck und gab die Flasche zu-

FM

rück. Du hättest sie behalten sollen, dachte er sogleich. Nun – er konnte wohl bald wieder danach fragen.

Der Begleiter war indessen wieder zurückgeblieben, und Balthasar fiel ein, daß er vergessen hatte. sich nach dem Ziel des Weges zu erkundigen. Ob nicht eine Tafel, ein Meilenstein kommen würde, die Aufschluß gäben? Er nahm sich vor, besser achtzugeben. Inzwischen schien die Sonne aufgegangen zu sein, so hell war es. Aber Balthasar irrte. Es war der Stern, dem sie folgten; er sah es erstaunt. So einen Stern hatte er nie gesehen. Tief und strahlend schien er in der Luft vor ihnen herzuschweben, bald zum Greifen nahe, wie eine Bogenlampe.

Plötzlich stand sein Kamel. Alle vor ihm standen. Balthasar blickte um sich, aber da war schon der Begleiter von vorher neben ihm. Auf seinen Zuruf hin ging das Kamel in die Knie, und Balthasar – was blieb ihm übrig – stieg ab.

Da stand er nun.

Wo war der Engel? Balthasar schaute verzweifelt nach ihm aus, aber er konnte ihn nicht entdecken. Immerhin schien der Mann mit der Flasche zu wissen, was zu tun sei. Er brachte gerade ein silberbeschlagenes Kästchen herbei, sagte ernst »Komm König!« und bahnte ihm eine Gasse durch die Haltenden. Balthasar folgte ihm wie ein Lamm.

Da aber sah er wieder die beiden Könige beisammen stehen, und ein Stein fiel ihm vom Herzen. Sie schienen schon auf ihn zu warten. Er trat freudig bewegt zu ihnen und verneigte sich würdig. Sie taten ihm Bescheid. Und dann geschah es.

Plötzlich sah er das große Straßenschild und den Namen, den es trug. Er sah das alte Haus mit dem offenen Stall, sah den Stern darüber schweben, den Ochsen, den Esel, die Hirten, den Mann, die Engel, die Jungfrau und die Krippe und – er fuhr sich sofort an den Mund – stieß einen leichten Schrei aus. Nichts begriff er, nichts. Nur das eine, daß er, Balthasar Tolan, neununddreißig Jahre alt, Gelegenheitsarbeiter und Junggeselle, erleben durfte, was keiner der jetzt Lebenden erleben konnte: dabeizusein, wenn das Licht der Welt, die Geburt des göttlichen Kindes, des Erlösers für alle, gefeiert wurde. Eine ungeheure Erregung befiel ihn.

»Kommt!« sagte er ungebührlich laut. »Kommt, kommt, gute

Könige!« Er schob seinen Begleiter, der ihm das Kästchen übergeben wollte, unsanft beiseite, raffte seinen Mantel und drängte hastig voran. Erst vor der Türe verlangsamte er etwas den stürmischen Schritt und entsann sich, daß er die anderen wohl abwarten müsse.

Aber da erblickte er das Kind, ein weißes, lächelndes Bübchen, das auf dem Schoß der Mutter saß, die genau den himmelblauen Mantel trug, den man von den Heiligenbildchen her kannte. Ja! Von den Bildchen! Aber sah ihn jemand schon so, daß er ihn berühren konnte? Niemand – außer Balthasar.

Balthasar kniete schon. Da darf man doch weinen. So glücklich war er wie nie ein Mensch. Und gleich darauf so todunglücklich und betrübt, wie niemand vor ihm. Du guter und allwissender Gott! Er hatte das Kästchen vergessen! Was mochte darin sein? Wo war es? Er blickte sich um. Die beiden Könige standen hinter ihm. Jeder hatte seine Gabe. Engel standen um die Heilige Familie – auch der seine war dabei – und trugen Blumen in der Hand und grüne Zweige. Und er, Balthasar – o Schande! Er hatte nichts, nichts, nichts.

Hatte er denn nichts?

Da! Er griff in sein Haar und nahm den Reif aus dem schwarzen Pelz und reichte ihn dem Kinde. Wie das sich freute! Und da sah er den Mann und die Jungfrau. Er sah sie und riß seinen Mantel von der Schulter und löste die Sandalen – eine Schnalle riß, was tat's – und warf beides dem Manne zu. Und die Jungfrau? Da war noch das seidene Hemd. Er streifte es über den Kopf und legte es über die Knie. Glänzend wie nasses Ebenholz, barfuß, groß und muskelbebend stand er da, und das Gebiß blitzte sein Glück.

War er zu weit gegangen?

»Balthasar!« rief es streng. »Lümmel! Tagedieb!« Ihm wurde schwarz vor den Augen. Er taumelte. Ich sterbe, dachte er noch.

Dann war es aus.

»Willst du wohl aufstehen, du Faulpelz!« herrschte ihn der Wärter an. »Nicht wach zu kriegen ist der Bursche ...« Und er schlug ihm mit der flachen Hand gegen die Brust. »Trolle dich!

FM

Die Glocken läuten. Willst du nicht einmal heute deine Christenpflicht erfüllen, da unser Heiland Geburtstag hat?«

Balthasar richtete sich verschlafen und zögernd auf. Er griff ins Haar. Der Reif war fort. Richtig. Er hatte ihn verschenkt. Er streifte die braune Wolldecke ab, zahlte seine Schuld und ging.

Er ging zwei Straßen weiter, dorthin, wo Jesse seinen kleinen Barbierladen hatte. Da saßen sie schon wie die Hühner auf der Stange und warteten auf das Messer, das ihr stoppeliges Kinn glätten sollte. Hier konnte man Schaum schlagen, die Kunden einseifen, ein bißchen Geld verdienen.

Ob Jesse ihn erkannt hatte? Er lachte ihm zu und zwinkerte mit den Augen. Aber Jesse sagte nur trocken: »Heut kannst du arbeiten!« Ach, er hatte ihn nicht erkannt ...

Balthasar lächelte in sich hinein. Komm, König, ermunterte er sich, nahm Seife und Wasser und schlug kräftig Schaum. Manchmal schloß er die Augen und erinnerte sich: an den schönen Engel, den Flug, den hellen Saal, die beiden Könige, das Lächeln der Jungfrau, die Freude des Kindes.

Er regte sich fleißig. Und die Seife flockte so gut heute. Schaum und Traum, dachte er lächelnd.

Traum und Schaum ...

Die Erhöhung der erniedrigten Kreatur

Und wieder rundete sich ein Jahrtausend,
und längst im Gleichmaß lief die alte Welt.
Der Sterne Chor, die Wasserfälle brausend,
der Falter und die Lilie auf dem Feld –
ein jegliches pries Gott, den Herrn der Erde,
mit seiner unnachahmlichen Gebärde.
Allein der Mensch, seit seinem Sündenfall, war Unmuts
voll und friedlos überall.

Doch war sein Hilferuf nicht leer verklungen.
Schon schlief ein Knabe in Mariens Schoß.
Propheten hatten viel von ihm gesungen,
der Stern war nahe und die Hoffnung groß.
Gott war bereit. Der Keim schlug Wurzel schon.
Da standen Ochs und Esel vor dem Thron.

»Sieh hier mein Fell«, so sprach der Esel stockend,
»von täglich hundert Hieben ausgeklopft,
die Läuse und die Fliegenschwärme lockend,
das Blut, das dick aus meinen Knien tropft!
Und hier: mein Freund, der gute Ochse, sieh ihn an,
der nicht einmal beim Dreschen fressen kann,
weil man ihm dabei noch das Maul verschnürt –
weiß du, was er ein kläglich Dasein führt ...?«

»Was trag ich«, nahm der Ochse selbst die Rede,
»ein bitteres Los und rühre mich genug!
Ich leiste jede Arbeit, aber jede:
am Mühlrad, auf dem Reisfeld, vor dem Pflug.
Es schlägt der Aar das Lamm und die Gazelle
der Löwe, wenn es ihrer Gier behagt.
Kaum einer ist, der sich an seiner Stelle
so redlich um ein bißchen Grummet plagt!
Wann wirst du uns – im Guten und Bösen –
von dieser unserer Knechtsgestalt erlösen?«

Und standen beide traurig und verdrossen
und scharrten recht verlegen mit dem Huf.
Gott aber hatte seinen Blick geschlossen
und dachte nach. »Als ich die Welt erschuf«,
so sprach er seufzend, »war die ganze Erde
ein Paradies, und jeder lebte frei:
der Hund, der Esel, du, die schönen Pferde.
Und friedlich waren Löwe, Aar und Hai.
Bedankt euch bei den Menschen und der Schlange ...«
Gott sprachs, und Mißmut furchte seine Wange.

»Doch gut. Ich will darob nicht euch noch schmähen.
Vielleicht, daß ich den Menschen bessern kann.
Dann könnt es auch euch beiden besser gehen.
Doch – euch zu wandeln, steht selbst mir nicht an.
Ein Löwe vor dem Pflug? Der Tiger Säcke tragend?
Seid, was ihr seid! Und seid es gern und ganz.
Dem Herzen eures Herrn seid ihr entsagend
viel näher als in Raubtiers Gier und Glanz.
Ich will – wir wollens heut' nicht weiter treiben –
euch den Beweis dafür nicht schuldig bleiben.«

Sie kehrten heim. Bald war das Wort vergessen,
denn Schläge gab's und karges Brot fortan.
Doch wuchs die Frucht Mariens unterdessen
zu ihrer letzten, vollen Süße an.
Und eines Nachts traf eine Stimme [wessen,
sie wußten nicht] das traurige Gespann
und rief sie als Gesandte ihrer Sippe
an eines alten Stalles schmale Krippe.

Da lag ein Kind; ein Kind, das neugeboren.
Die Mutter kniete fromm. Es stand ein Mann
andächtig bei. Und jubelnd vor den Toren
und von den Himmeln hob ein Singen an.
Und Hirten kamen in des Raumes Dämmer,
auf ihren Schultern manche kleine Lämmer.
Und überm Hause hing unsagbar mild
des niegeschauten Sternes klares Bild.

Sie aber standen stumm und staunend beide.
Ihr Atem dampfte wärmend um das Kind.
Sie fühlten eine niegespürte Freude
und waren diesen Menschen wohlgesinnt.
Sie standen Tage. Ach, es war das Fressen,
die Hiebe und das harte Los vergessen.
Denn sie vernahmen: dies sei Gottes Kind.

Triumph der Liebe. Trost der Kreaturen ...
Es kamen Könige zur Reverenz!
Oh, welche Ehr'n dem Kind da widerfahren!
Ein Heiland war's. Ein Esel selbst erkennt's!
Weit strich der Löwe um die seligen Fluren.
Der Adler trieb am Saum des Firmaments.
Und *draußen* blieb der schönen Pferde Schar!
Und *draußen* selbst des Mohren Dromedar.

Und so erkannten beide Gottes Güte.
[Und Gottes Wort, selbst in des Esels Ohr,
es muß wohl gelten.] Und ihr Mut erglühte.
Denn wahre Einfalt ist ein weites Tor.
Da bricht die Liebe wie durch offene Schleusen
und treibt die Fischer ab mitsamt den Reusen.
Ach, daß sie regne all auf Hirt und Herde
und Friede käme für die Erde, unser aller Erde!

Zwischen Gut und Böse

Es liegt wohl in der Natur der Sache, daß das Gute in der Welt sich geräuschloser aufführt und weniger von sich reden macht als das Unheil und das Böse. Die Sonne scheint still; aber das Gewitter lärmt. Das Leben, das ein Arzt dem Zugriff des Todes entreißt, macht kaum Sensation. Die Taten des Mörders füllen die Spalten und Bildseiten der Illustrierten.

Da wir am Anfang und am Ende des Zweiten Weltkrieges einigermaßen beteiligt waren, brauchen wir nicht darüber belehrt zu werden, daß der Mensch des 20. Jahrhunderts seine schlechten Seiten hinreichend entdeckt hat; und wenn nach all dem Scheußlichen, das von Menschenhirn und -hand erdacht und vollbracht wurde, die Literatur in den Ruf ausbrach: Der Mensch ist böse! – so sagt sie ebenso wenig die Unwahrheit wie die Dichter der »Menschheitsdämmerung« nach der ersten Katastrophe, als sie proklamierten: Der Mensch ist gut! Die einen vergessen hinzuzufügen »... und gut«; die anderen vergaßen das »... und böse«. Die einen – da Literaten fast samt und sonders verkappte Moralisten sind – versprachen sich wohl von einem hoffnungsvollen Zureden eine Besserung des Menschen; den anderen scheint vielleicht eine Schock-Behandlung die einzig noch aussichtsreiche Therapie. Soweit dieses Verfahren freilich den Anspruch einer sachlichen Diagnose erhebt, ist es zu korrigieren. Der Mensch kann Heiliger und Held, kann Scheusal und Lump sein. Dies macht ihn interessant. Dies ist seine »Freiheit«. Dies ist – mit Verlaub zu sagen – die Chance, die das Geschöpf dem Schöpfer oder der Schöpfung bis ans Ende der Tage beläßt.

Damit ist eine Binsenweisheit ausgesprochen, die sich bescheiden ausnimmt gegen gewisse Proklamationen und Manifeste, die so lange gut gemeint sein können, als sie nicht in Marschbefehle oder Parolen ausarten und, ohne Rücksicht auf die Wahrheit, ihren Ehrgeiz darein setzen, in Mode zu bleiben. Und es läßt sich wohl mit einigem Recht sagen, daß die »Literatur des Bösen«, ähnlich dem Bösen selbst, reichlich viel Lärm gemacht hat, einen Lärm, unter dem die Stimme des Guten und des »Sowohl – als auch« kaum noch vernommen werden konnte. Aber es ist kein Zweifel daran, daß das Gute auch in den finstersten Tagen der Menschheit nicht tot war.

Wie es »des Guten zuviel« geben kann, so auch des Bösen. Vor allem dann, wenn eine beflissene »Optik« ihm eine Star-Rolle zuweist; wenn das Gute und Vernünftige, das zu allen Zeiten und unter allen Umständen von Guten und Vernünftigen geübt oder erstrebt wird, überhaupt nicht mehr ins Spiel kommt; wenn man es leugnet oder in Acht und Bann tut und gleich idyllisch und unwahr, böse aber gleich hochdramatisch und interessant und – nebenbei – einkömmlich wird. Dann scheint es geboten, darauf hinzuweisen, daß das Scheußliche, und nicht erst seit dem Kindermord des Herodes, zu allen Zeiten in der Welt war, daß es vielmals Verfolger und Flüchtlinge gab (und jedesmal gute Seelen, die Flüchtigen halfen), oft Elend und Hunger (und Barmherzige, die zu helfen trachteten) und daß Verzweiflung wie Pest grassierte und um so dringender darum nach Hilfe rief.

Die Waage schwankt, und das Pendel geht hin und wider; die Toten laßt ihre Toten begraben, und der Lebende soll hoffen. Es ist sinnlos und unaufrichtig, eine trübe Momentaufnahme in einen weltabendfüllenden Zeitlupenfilm umzumünzen. Auch das Gute will sein Recht, und mit besserem Recht als das Böse.

Das Interessante und immer wieder Fesselnde an der Gestalt des Menschen ist nicht nur, daß er sich auf der Skala zwischen Gut und Böse, Heiligem und Scheusal einen höchst differenzierten Platz aussuchen kann, sondern daß er – wie der Gute irren und fehlen kann – selbst als Böser die Freiheit hat, eine gute Tat zu vollbringen, aus Laune, aus spontaner Einsicht, aus Verlegenheit, aus Bedürfnis, sich selbst einmal »Güte« zu beweisen – aus tausend wahrscheinlichen und unwahrscheinlichen Gründen. Menschen, die das Scheußlichste erlebt haben, wissen davon zu berichten, und der kleine Alltag zumal enthält uns solche Beispiele nicht vor. Aber ganz ohne Zweifel hat es ein jeder von uns erfahren, daß der normale, der indifferente, der zum Guten geneigte Mensch auch unserer Tage in bestimmten Situationen den besseren Menschen in sich entdeckte, vielleicht *überrascht* entdeckte, wenn er sich durch eine Not oder Verlegenheit angesprochen fühlte. Und gleich, ob er oder wir in der Rolle des Gebenden oder Empfangenden waren – das Wunderbare einer noch so bescheidenen guten Tat ist doch dies: daß sie jeden von uns beiden glücklicher macht, reicher und zufriedener und daß von ihr eine seltsame Kraft ausgeht, eine sanfte Gewalt, die den lärmenden Aufwand des Bösen für eine Weile ganz in den Hintergrund verweist.

Das mögen ganz einfache Dinge und Handlungen sein. Aber ähnlich wie ein Glas Wasser für einen Verdurstenden Lebensrettung bedeuten kann, so können in bestimmten Lagen – und der Krieg hat beinahe jeden von uns einmal in diese »bestimmte Lage« gebracht – die bescheidensten Handreichungen und Hilfeleistungen ein Gewicht haben, das sie uns entscheidend und unvergeßlich macht. Und oft nicht einmal ihres sachlichen Wertes oder Nutzens wegen, – sondern eben deshalb, weil in ihnen plötzlich das Gute Gestalt gewinnt, weil es durch sie im Lichte steht, einem Licht, das unendlich wärmen kann. Dann stellt eine schmutzige geteilte Decke die Pelze der ganzen Welt in den Schatten, oder ein Bissen Brot beschämt die Tafel des Feinschmeckers. Es ist wie die Speise der Fünftausend mit den wenigen Broten und Fischlein im Neuen Testamente.

Und warum sollten wir von denen schweigen, die ihr ganzes Leben in den Dienst ihres Nächsten gestellt haben, die sich um die Kranken kümmern, um die Irren, um die Verwaisten; die im Urwald das böse Fieber bekämpfen, die Gebeine der Gefallenen sammeln, die am Bett des Nachbarn wachen, eine Tasche Briketts zu frierenden Alten tragen – man könnte doch Seiten füllen, um die Möglichkeiten des Guten auszuschöpfen, das getan werden kann und an irgendeiner Stelle getan wird, »unter Ausschluß der Öffentlichkeit« ...

Der große Dickens hat eine wunderbare Erzählung geschrieben – wenn sie nicht so meisterhaft wäre, wäre sie viel zu lang –, die ›Ein Weihnachtsabend‹ heißt. Wer sie kennt, soll sie wiederlesen; und wer sie nicht kennt, muß sie kennenlernen. Es ist eine Geschichte der Läuterung, die Geschichte von Scrooge, dem Hartherzigen, der in der Nacht des Heiligen Abends drei Erscheinungen wahrnimmt. Ihn suchen auf: der Geist der Weihnacht seiner Kindheit, der Geist der gerade erlebten (und versäumten) Weihnacht – und der einer zukünftigen Weihnacht, da er sich selbst als verlassenen, ungeliebten, von Gaunern bestohlenen Toten liegen sieht. Er hat sich selbst noch nicht erkannt und steht vor dem Bette des Toten, an das der Geist ihn geführt hat. Dickens beschreibt das so:

»Scrooge blickte auf die Erscheinung. Die regungslose Hand wies auf das Haupt der Leiche. Die Decke war lieblos darüber geworfen, so daß die geringste Verschiebung, die leiseste Berührung durch Scrooges Finger das Antlitz enthüllt hätte. Er dachte daran, merkte, wie leicht es geschehen könnte, und wünschte, es zu tun. Aber er hatte so wenig Macht, die Hülle fortzuziehen, als dem Geist an seiner Seite zu entgehen.« Und da ruft der gute Dickens aus:

»O kalter, unbewegter, schrecklicher Tod, baue hier deinen Altar auf und umgib ihn mit den Schrecknissen, die du zur Verfügung hast; denn hier ist dein Reich! Aber dem geliebten und verehrten Haupte vermagst du kein Haar zu krümmen, ihm kannst du keine Miene entstellen. Nicht weil die Hand schwer ist und herniederfällt, wenn man sie gleiten läßt, nicht weil ihr Herz und Puls verstummt sind, sondern weil die Hand offen war und warm und gut und der Puls menschlich. Töte, du Schemen, töte! Und sieh, wie die guten Taten aus der Wunde des Toten hervorströmen, um ewiges Leben in der Welt zu offenbaren.«

Maria schreibt Elisabeth

Meine liebe Base ... Das Kind ist da!
Ich könnte bei Tag und Nacht lobsingen.
[Dein freundlicher Nachbar, der uns hier sah,
will dir die Botschaft bald überbringen.]

Wie soll ich's beschreiben? Und wo beginnen ...
Du weißt ja, wie schwer mir das Reisen war.
Ich kann mich auf Ärgeres nicht besinnen,
und daß ich es schaffte, bleibt wunderbar.

Es war für uns beide ein Fegefeuer
und auch für Joseph höchst unbequem.
Das Wetter war schlecht, die Herbergen teuer,
bis auf die letzte – in Bethlehem.

Wir langten dort an; es nahte der Abend.
Man wies uns die Türen allüberall –
bedauernd, verlegen, grob und hochtrabend.
Am Ende gab's Obdach in einem – Stall.

Dort kam unser Kind. Und denke nur, denk!
Es ist wahrhaftig ein kleiner Junge,
so zierlich und freundlich – ein Gottesgeschenk.
Er suchte mich gleich mit der rosigen Zunge.

Wir hatten sogar zwei Paten zur Hand:
einen Ochsen und Esel. [Ich höre dich lachen.]
Doch die Tiere bewiesen wirklich Verstand
und wußten uns vieles leichter zu machen:

Sie ließen uns ihre Futterraufe,
[Und schließlich gehörte ja ihnen das Heu.]
und sie wärmten das Kind mit sanftem Geschnaufe
und zeigten sich rührend behutsam dabei.

Das Schönste aber erlebten wir dann:
Kaum war der kleine Jesus geboren
[so nennen ich ihn und mein guter Mann],
da hörten wir es vor der Türe rumoren.

Es waren Hirten; die kamen vom Felde
und sagten, sie hätten Engel gesehen,
und einer erschien, daß er ihnen vermelde:
sie sollten zu unserem Stalle gehn.

Sie brachten Geschenke für uns und das Kind –
ich hätte vor Freude können weinen:
Käse und Milch und – die köstlicher sind –
wärmende Wolle und schmiegsames Leinen.

Sie schürten das Feuer und bliesen die Flöte,
sie kochten für uns ein schmackhaftes Mahl.
Und ein Becher Weines zauberte Röte
auf Josefs Wangen mit einem Mal.

Sie kommen fast täglich und helfen uns treu,
als wären sie alte Nachbarsleute.
Und unser Kindlein gedeiht dabei,
als ob es sich doppelt des Lebens freute.

Ach, eines weiß ich gewiß, meine Liebe:
Niemand als ich könnte glücklicher sein.
Wohin das Leben auch immer uns triebe, –
irgendwie sind wir nun stärker zu Drei'n.

Segne dich Gott, was dir immer begegnet;
segne dich, den meine Seele jetzt lobt.
Mich hat er über die Maßen erprobt.
Mich hat er über die Maßen gesegnet.

Die unheiligen drei Könige

Das göttliche Kind spricht:
Zepter, Kron und Diadem,
Macht und Stand und Gold,
kämt ihr heut nach Bethlehem,
hätt ich nicht gewollt.

Mutter, wend dein Angesicht
nicht nach ihrem Tand.
Josef, schließ die Türe dicht,
eh sie uns erkannt.

Tränen, Schweiß und wieviel Blut
klebt an ihrem Tun,
Ach, ich kenn die Myrrhe gut
und den Weihrauch nun.

Wo die Macht die Geißel schwingt,
leide ich den Schlag,
und der Völker Seufzen bringt
Pein in meinen Tag.

Wie die Hoffart Blasen läßt!
Eh ich mich besann,
auf der Dornenkrönung Fest
spieen sie mich an.

Weh, ihr Gold bringt blutgen Zins:
Tod und Not und Gram.
Witwen und die Waisen sind's,
die ich übernahm.

Jene, die verlassen sind,
tragen Last und Pein,
nehm ich als mein Hofgesind,
laßt sie mir herein!

Zepter, Diadem und Kron,
Rang und Gold und Macht –
eure Gab ist Judaslohn
schon in Heilger Nacht.

Melchior, Kaspar, Balthasar –
da beruft euch nicht!
Wer wie sie in Gnade war,
selbst der Kron und Weisheit bar,
findet schon mein Licht.

Es war im Wal zu Askalon
oder
Eigentlich waren es fünf

Es war im Wal zu Askalon, etwa um die siebente Abendstunde, daß sie – wenigstens die Drei, die angekommen waren – einander ansichtig wurden.

Wie alle besseren Leute hatten sie jeder an einem eigenen Tisch Platz genommen. Aber dann begannen für den Äthiopier und den Mann vom Indus die Verständigungsschwierigkeiten, und Habakuk, der etwa gleich weit entfernt von jedem der beiden saß, horchte und sah auf, als er den Schwarzen in der Sprache der Gebildeten reden hörte. Es war ein drolliges, etwas kehliges Griechisch, das dieser, wie in sanften Stößen, gegen das Ohr des ratlosen Wirtes trieb.

Habakuk stand auf und ging mit kurzbeinigen Schritten, die über ungewöhnlich große Füße liefen, zum Tische des Nachbarn, fragte, ob er helfen dürfe, und weil es ums Essen ging, schlug er vor, gemeinsam mit dem Wirt in die Küche zu gehen und einen Blick in die Töpfe zu tun.

Muhamed, der mit lebhaften Augen und gefurchter Stirn der doppelten Zunge zugehört hatte, in der Habakuk mit ihm und dem Wirt redete, erhob sich zu imponierender, fast athletischer Gestalt und folgte dem vorausgehenden Herbergsvater. Habakuk ging als letzter. Die drei schritten am Tische Gangulys vorüber, dem sie wie ein dreiarmiger, symmetrisch abgestufter Leuchter erschienen. Lange verharrte der Inder in Gedanken, aber als der Jude und der Schwarze bald darauf zufrieden lächelnd und nun in unverkennbarem Idiom miteinander redend zurückkamen, ging ihm ein Licht auf.

Er strich sich, wie er es vor Entschlüssen meist zu tun pflegte, den schon mit Silberfäden durchwirkten langen Bart, erhob sich und schritt gemessen zum Tisch des Schwarzen, an dem Habakuk inzwischen Platz genommen hatte, legte auf anmutige Art die Hände vor der Brust gegeneinander, neigte den von reichlichem Haarwuchs eingerahmten schmalen Schädel und bat um

Verzeihung für seine Existenz. Die Herren sprächen Griechisch, was eine Seltenheit zu sein scheine in Judäa. Sicher seien sie bereit ... Und so weiter.

Wenig später hatte Ganguly auf der noch freien dritten Bank Platz genommen, und ein zögerndes, tastendes Gespräch begann. Auch den Mann vom Indus hungerte nach einem stärkenden Abendmahl, und weil Habakuk lebhaft dafür sprach, die gleiche Wahl zu treffen, zu der er auch den Äthiopier überredet hatte, konnte der Wirt seine Kunst auf *ein* Hauptgericht konzentrieren. Bei frisch gegorenem Ziegenkäse und rosenfarbenem Most übten die Drei das unvergleichliche Gespräch, das drei verschiedene Zungen auf eine vierte vereinigt.

Natürlich redete Habakuk am meisten, und nicht nur, weil er landeskundig und in vielem bewandert war, was die Fremden erst zu erfahren und zu erwandern hatten, sondern ein Gelehrter und ein Lehrer dazu, einer, der vieles wußte und alles zu wissen begehrte, ein Kenner der Überlieferung und ein Neugieriger von Natur.

Er kam aus Alexandria, wohin der junge, wegen seiner unbeugsamen Gesinnung und seines religiösen Eifers bald auffallende Lehrer nach etlichen Zusammenstößen mit den römischen Besatzungsbehörden schließlich ausgewandert war – sofern dieses Wort angebracht erscheint.

Denn in dieser bedeutendsten aller Stadtgründungen des großen Makedonen lebten viele Juden: nach Jerusalem besaß die Metropole am Nil die stärkste, reichste und einflußreichste jüdische Gemeinde. Sie lebte zwar nach ihren Gesetzen und hatte sogar einen eigenen Ethnarchen, der Recht sprach nach dem Gebot des Moses, lebte aber keineswegs in einem Ghetto. Hellenische und jüdische Überlieferung durchdrangen einander vielmehr in fruchtbarem Wechselspiel, und in manchen Kreisen gehörten Übertritte zum jüdischen Glauben zu jenen Extravaganzen, die vor allem den Damen der Gesellschaft einen Hauch von Weltläufigkeit verliehen. Auch Habakuk hatte mit seiner Beredsamkeit der jüdischen Gemeinde einige – wie er zu sagen pflegte – solcher Paradiesvögel zugeführt.

Er hatte seine besondere Art zu loben (und vielleicht auch zu tadeln). Er sagte von einem Ding nicht, daß es sehr schön, von einer Sache nicht, daß sie sehr gut sei. Er sagte viel mehr: Das ist *ganz* schön. Oder: Das ist *ganz* gut. So etwa, als wollte er betonen, daß etwas durch und durch gut oder schön sei, nicht nur an der Oberfläche, auf einen flüchtigen Überblick hin, sondern in all seinen Dimensionen gemessen, durchdrungen bis in den innersten Kern von Schönheit oder Güte. Immer wenn er das Wort »ganz« benutzte, war er ganz sicher. Wenn er aber auf eine Frage keine Antwort wußte, sagte er ohne Umschweife, aber mit einem unüberhörbaren Unterton der Betrübnis: Das ist mir unbekannt. Es war dann, als hätte er sich eines Versäumnisses zu zeihen.

Er sprach übrigens von den Dreien das beste Griechisch – was allerdings bei einem gebildeten Kleinasiaten nicht verwunderlich war. Weitaus erstaunlicher war, daß der Inder und Afrikaner sich, wenn auch mit einiger Mühe, in dieser Sprache ausdrücken konnten, in der freilich alle bedeutenden Erkenntnisse und Einsichten für die nach ihnen Dürstenden erreichbar waren. Aber noch ehe alles zunächst Wissenswerte erklärt und beredet war, nahte schon der Wirt mit zwei Gehilfen und brachte, auf was sich die Reisenden geeinigt hatten: das mit Salbei und Thymian, Basilikum, Lorbeer, Nelken und Knoblauch gewürzte junge Lamm. Es war am Spieß gebraten und rundherum von saftiger, eben knuspriger Bräune. Weißes Brot wurde dazu gereicht und eine Schale mit blauen Feigen, die rubinrot leuchteten, wenn das Messer sie teilte.

Habakuk zupfte mit Daumen und Zeigefinger einen Fetzen von der untersten Rippe, blies wie ein lautloser Flötenmund darüber hin und führte ihn zum Mund.

»Es ist *ganz* zart ...« sagte er, bedächtig mit dem Kopf nikkend. »Nehmet und esset.«

Dies war der Augenblick, da Muhameds Kätzchen sich aufgerufen fühlte, die Umwelt von seiner Anwesenheit zu unterrichten. Diese nahm unter dem Geräusch der schneidenden Messer, dem stumpfen Ton des Zinngeschirrs zwar noch nicht wahr, daß Cleo an der Innenwand des geflochtenen Reisekörbchens zweimal kurz ihre Krallen schliff, ehe sie mit der rechten Pfote die nur angelehnte Gattertür öffnete, um sich, ins Freie gelangt, mit gespreizten, in sich leicht atmenden Pfoten auf Katzenart zu strecken und zu gähnen. Aber die weiche, schwarze Geschmeidigkeit war nicht mehr zu übersehen, die plötzlich auf Muhameds hellgelbem Reisekleid landete, die Bahn ihres Sprungs wie eine unsichtbare Girlande hinter sich her schwingend. Aus goldenen Katzenaugen sah die listigste Unschuld in erstaunte Menschenaugen.

»Eine Katze ...« sagte Ganguly erstaunt.

»Eine *ganz* schöne Katze«, verbesserte Habakuk.

»Meine Katze«, sagte Muhamed und legte zärtlich die gewölbte Linke auf das sich anschmiegende Köpfchen, strich ihr über die nachgebenden Schultern, das ausweichende Rückgrat, griff und bremste die sprungwilligen Hüften, fuhr wieder zur lauernden Stirn und bändigte das freßlustige Tierchen, unverständliche, aber zweifellos liebevolle Worte flüsternd, die stumm, aber nicht minder zärtlich erwidert wurden.

Der Inder blickte ein wenig befremdet, während er sich seinen Teil vom Fleische schnitt. Aber Habakuks Augen strahlten reines Wohlwollen aus.

»Das sind die schönsten aller Tiere«, sagte er langsam und nahm auch sich vom jungen Lamm.

Muhamed hielt das Kätzchen mit aufgespreizten Fingern am Hals und erwiderte lächelnd den Aufblick der kleinen Kreatur, die mit ihrer Flanke gegen seinen Bauch drängte.

»Ich ersetze ihr die Mutter«, sagte er entschuldigend, bugsierte das Kätzchen sacht in das Körbchen zurück, schnitt sich ein großes Stück vom Lamm und ein winziges dazu, das er auf den Tellerrand legte. Er reise seit vier Monaten mit dem eben entwöhnten Tierchen, dessen Mutter ein tollwütiger Hund ge-

rissen habe. »Wir sind unzertrennlich ...«, schloß er leise und schob sich einen saftigen Brocken zwischen die Zähne, um der eigenen Rührung zu entgehen. Und während sie schweigend aßen, nahm er das kleine Stück vom Tellerrand und steckte es verstohlen durch die Gatterstäbe dem lüsternen Kätzchen zu.

Daß jeder an einem Fluß geboren war, hatten sie schon vor dem Mahl einander mitgeteilt. Freilich wußte weder der Mann vom Indus noch der vom blauen Nil, ein wie bescheidenes Flüßchen der Jordan war, den Habakuk als das Wasser seiner Kindheit gerühmt hatte. Nur daß unter seinem kahlen Schädel, den ein dünner Haarkranz säumte, viele hochherzige und tiefspürende Gedanken wohnten, hatten sie bald erkannt. Jetzt aber, da die hungrigen Leiber ihr Recht erhielten, verlangte auch der Geist mehr vom anderen zu erfahren als der nackte Woher des Leibes.

Habakuk reiste mit einer Eselin. Er war klein von Gestalt, fast zierlich – wären da nicht die großen Füße gewesen, die ihm den Anschein von Verläßlichkeit gaben.

»Mein Weg ist entweder so weit«, hatte er listig lächelnd gesagt, »daß hundert Adler ihn nicht erfliegen, oder so nah, daß ich ihn zu Fuß erwandern kann. Um die Mitte zwischen den beiden zu halten, habe ich meine Eselin mitgenommen.«

Habakuk würzte seine Reden und Beweisführungen gern mit solchen Überspitzungen und Antithesen. Als nach dem Hauptmahl noch eine sehr schmackhafte, gekühlte Fruchtsuppe gereicht wurde und der Inder auf seinem Teller ein Haar entdeckte, das er mit dem Anflug von Widerwillen herausfischte und ans Licht hob, nahm der Jude ihm lächelnd das Haar aus den spitzen Fingern und sagte: »Das muß man abzuschätzen wissen, lieber Ganguly. Stellt Euch die Frage: Was ist wichtiger – das Haar oder die Suppe?« Und der Inder nahm schweigend den Löffel auf und wandte sich seinem Teller zu.

»Sie ist wirklich sehr gut«, sagte er nach dem fünften oder sechsten Löffel, und Habakuk nickte befriedigt und bestätigte: »Ja, sie ist *ganz* gut.«

Daß Ganguly der Älteste und nach Haltung und Benehmen der Würdigste und Ansehnlichste von den Dreien war, muß nicht mehr betont werden. Auch wenn das schöne und gepflegte Haar und zumal der Bart vieles verdeckten, verrieten Miene und Stirn jedem Menschenkenner die Spuren, die auf ein langes, an mitleidender Erfahrung und bewußter Askese reiches Leben schließen ließen.

Auch auf dieser Reise schienen ihn Prüfungen genug versucht zu haben, hatte er doch bereits verlauten lassen, daß Krankheit und Mißgeschick ihm einen Treiber und zwei Kamele geraubt hatten. Nun reiste er mit den zwei verbliebenen und einem jungen Mann, der bei den Tieren schlief.

Muhamed dagegen hatte alle, die mit ihm aufgebrochen waren, gesund bis Judäa gebracht. Er hatte keine Zahl genannt. Aber ihm gehörten die beiden Zelte auf dem großen Innenhof, und die drei Hälse von Kamelen oder Dromedaren, welche sie überragten, gaben ganz gewiß nicht das ungeduldige, unwillige Schnauben von sich, das den immer mehr in sich sinkenden Abend von Zeit zu Zeit leise erbeben ließ. Es kam von einem dunkelbraunen Araberhengst, von dem Habakuk später sagte, er sei das herrlichste Pferd, das er je in seinem Leben gesehen, und beinahe so schön wie des Schwarzen Kätzchen. Das aber sei *ganz* schön.

Ach, Habakuk hatte großes Wohlgefallen an diesem Afrikaner, und er verbarg es nicht. Er selbst besaß eine Seele ohne Neid; ihn hungerte es nicht nach Besitz oder Vorteil, sondern nach Bewunderung. Diesen Afrikaner also meinte er mit Vorrang, als er, Hände und Gesicht nach dem Mahl mit dem gereichten heißnassen Tuch feuchtend, in großer Aufgeräumtheit sagte:

»Und nun, meine Freunde, laßt mich wissen, welchen Zielen euer Reisen zustrebt. Was trieb euch in dieses karge Land meiner Väter, von dem der Prophet Jesaja gesagt hat: Ein Ochse kennt seinen Herrn und ein Esel die Krippe seines Herrn. Israel aber kennt ihn nicht, und mein Volk vernimmt ihn nicht ...?«

Er sah Muhamed an, und der nahm den letzten Bissen vom Teller, reichte ihn zielbewußt unter den Tisch ins Dunkle, wo zwei Bernsteinäuglein funkelten, wischte sich die Hände und begann zu sprechen.

»Ich bin einer von vier Söhnen, die mein Vater mit einer Ägypterin gezeugt hat. Meine Brüder sind Stammesfürsten gleich mir, aber da ich der Älteste bin, nahm ich mir das Recht, die Wissenschaften der Medizin zu studieren und ein Heilkundiger zu werden. Aber dann hat es mich getrieben, von den Gebrechen der einzelnen abzulassen und mich zu kümmern um die große Krankheit der Welt und die Mittel, von denen Heilung kommen könnte für die Vielen. Darüber habe ich meine Augen zu den Gestirnen erhoben und die Sterndeuter meines Landes um Rat und Weisung befragt, bis mir alle ihr Wissen und Meinen mitgeteilt hatten und die Bilder des Himmels mir vertraut waren wie die dieser Erde.«

Er nahm einen Schluck, tat einen Griff unter den Tisch und hob das Kätzchen auf den Schoß, das sich zweimal um sich selbst drehte, bis es, sanft schnurrend, sich niederließ, und fuhr fort:

»Es ist eine geheimnisvolle Ordnung in der Sternenwelt, die wir nicht durchschauen. Aber ein Teil unseres Wesens ist dieser Ordnung, dieser Kraft verhaftet. Der Augenblick, da wir gezeugt werden, wirkt auf unsere künftige Gestalt, und die Sternbilder, die über unserer Geburt stehen, weisen unserem Schicksal den Weg. Wir können ihn annehmen wie einen Wind und unser Segel in seine Richtung stellen – das ist das Vernünftigste und Gefahrloseste. Wir können aber auch gegen diesen Wind ankreuzen und in mühsamer Fahrt unserer Bestimmung widerstreben. Am Ende werden wir den Willen des Schicksals erfüllen müssen, wie immer wir uns verhielten. Das ist meine Erfahrung, mein Glaube.«

Er fuhr noch einmal behutsam mit der Hand über das Fell seiner Cleo. Aber da das Tier eingeschlafen war, ließ er die Hand ruhen und das Kätzchen auch.

»Und diese Reise«, fragte Habakuk gespannt, »ist sie eine Reise, die dem Schicksal gemäß ist, oder ist sie ein Versuch, gegen den Wind anzukreuzen?«

Muhamed schürzte die Lippen und wiegte den Kopf. Schließlich sagte er: »Alle, die mich kennen – Freunde, Brüder, mein alter Vater –, haben mir von dieser Reise abgeraten und sie ein sinnloses Abenteuer genannt. Aber ich selbst bin des Glaubens, daß sie mich an das Ziel meines Lebens führen wird. Ich habe drei Söhne und eine Frau zurückgelassen und meinen Besitz dazu, um die Probe auf das Exempel zu machen. Wenn ich irre ging, will ich meinen hohen Mut zu Recht Hochmut nennen lassen. Aber noch bin ich hoffnungsvoll.« Leise schloß er, mit einer hauchfeinen Bewegung sein Tierchen streichelnd, an:

»Große Dinge kommen auf uns zu. Neue Götter sind auf dem Weg!« Er hob die drei Finger der rechten Hand, als könnte er dies auf seinen Eid nehmen.

»Da will ich nicht widersprechen«, meinte Habakuk. »Auch wenn ich meine, *ein* neuer Gott würde genug sein. Aber ihr Afrikaner haltet es da wohl mit den Griechen und Römern, die den Himmel Judas bevölkern möchten. Vielleicht, weil sie dann unsere Erde besser plündern können ...«, schloß er verschmitzt an und wandte sich Ganguly zu: »Oder hat euch der große Alexander anstelle von griechischen Göttern und Halbgöttern nur menschliche Halbgriechen hinterlassen?«

Die beiden sahen ihn fragend an. Wohlmeindend fügte er hinzu: »Daß ihr mich nicht mißversteht, meine Freunde: Ich bewundere die Griechen. Einmal, weil sie der kriegerischen Macht endlich entsagt haben. Zum zweiten, weil sie Meister waren in der Kunst, Götter zu Menschen und Menschen zu Göttern zu machen. Ich fürchte, daß diese Kunst auszusterben beginnt. Wir tun einiges im schönen Alexandria, um das Beste, was von den Griechen auf uns gekommen ist, nicht verderben zu lassen. Wie aber steht es bei euch im großen Asien, Ganguly? Gebt uns Kunde von den Wassern, mit denen man am Indus gewaschen wird!«

Worauf der Inder den schönen Bart strich, um dann mit den feingliedrigen Händen kurz die Nasenflügel zu massieren, die kaum merklich vibrierten.

»Rede, Herr! Dein Knecht höret!« sagte Habakuk aufmunternd.

Und in leise singendem Baß hob Ganguly an:

»Wenn ich die Tage zähle, die ich nun auf der Reise bin, so werden es bald so viele sein, wie der Mensch im Mutterleib zubringt, ehe er das Licht der Welt erblickt. Das sind dunkle Tage, und auch meine Reisetage waren mehr dunkel als hell. Ich habe manche Nacht mit den Dämonen gerungen, die mich zur Umkehr überreden wollten. Aber mein Sinn ist fest geblieben und mein Diener treu. Ich kenne nur noch einen Weg, und den gedenke ich bis ans Ziel zu gehen – wie Muhamed. Aber auf mich warten kein Vater, keine Frau, keine Kinder und Brüder, kein Haus, kein Stamm, kein Land. Ich habe seit mehr als fünfzig Jahren in einer Gemeinschaft mit frommen Männern gelebt, zu denen ich als Kind gegeben wurde, damit ich ein Weiser würde, ein Führer den Menschen – ohne Schwert und Macht.«

Er lächelte abwesend, so als hätte ihn die Vergangenheit wieder, und fuhr dann fort:

»Ich habe gefastet, gelernt, gebetet, meditiert – mein Leben lang. Da ist kaum ein Handwerk, das man mich nicht gelehrt hätte, kaum eine Sprache oder Schrift, in denen ich mich nicht versucht hätte – soweit wir sie kannten und übten. Ich kann Brot backen, einen Tisch zimmern, eine Decke weben, ein Gespann führen. Ich habe Krankheit gelitten und geheilt, Astronomie und Astrologie betrieben, das Spiel mit den Zahlen, den Klängen, den Farben. Ich habe auch etliche Reisen unternommen. Aber – man muß nicht in fremde Länder reisen, um den Menschen kennenzulernen, so viel Gewinn das Reisen immer abwerfen mag ...

Je älter ich wurde, desto weniger hat mich nach Äußerlichkeit und Neuheit verlangt. Die Menschen sind einander sehr ähnlich, ob sie in den Flußniederungen wohnen oder im Gebirge. Nicht das Wesen unterscheidet sie, sondern die Gewohnheit. Die Steppe macht melancholisch, das Meer weckt Fernweh, in den Gebirgstälern staut sich der Jähzorn. Die Hitze macht träge, die Kälte beweglich. Der Regen macht erfinderisch. Die Sonne stimmt genügsam. Der Zorn ist kein Ratgeber, der Haß kein Friedenstifter. Das Recht stirbt an der Gewalt, die Liebe an der Eifersucht. Gibt es aber einen größeren Sieg als den über sich selbst? Gibt es größeren Ruhm als den Verzicht?«

Ganguly sprach die letzten Sätze langsam und leise. Er wandte sein Haupt zu Habakuk, und seine braunen Augen blickten dabei wie die eines umstellten Tieres.

Eine Weile herrschte Schweigen. Schließlich fragte Muhamed: »Warum, wenn du so weise bist, bist du nicht glücklich?«

Ganguly hob verweisend die Rechte.

»Das Ende der Weisheit ist nicht das Glück, sondern das Wissen um das verborgenste Unglück dieser Welt. Nur der Nichtwissende kann glücklich sein.«

»Dann wäre Glück«, fragte Habakuk stirnrunzelnd, »gleichzusetzen mit Nichtwissen?! Wie könnte dann meinesgleichen je glücklich sein?«

Ganguly lächelte.

»Glücklich?« sprach er versonnen. »Glücklich warst du im Leibe deiner Mutter, und glücklich wirst du wieder sein im Leibe der Erde.«

»Und was soll ich jetzt sein?« fragte Habakuk, leise erbost.

»Sei, der du bist: ein leidender Mensch!« erwiderte Ganguly. »Warum wolltet ihr euch wehren gegen das Leiden, das ihr am Leiden des anderen habt? Der Wissende ist zum Mitleid berufen, und nur der wahrhaft mit den anderen Leidende verdient es, ein Weiser genannt zu werden.«

»Wie schade«, sagte Habakuk trocken, »daß ich doch zuweilen so dumm bin, mich mit anderen der schönen Welt zu freuen!«

Ganguly schüttelte energisch den Kopf.

»Nein!« sagte er entschieden. »Freue dich nur, Habakuk, freue dich! Denn nichts ist köstlicher als Freude auf dem Grunde des Leidens. Ohne Leiden und Mitleiden kann es auf dieser Erde keine wahrhaft empfundene Freude, keinen Aufschwung der Herzen und Seelen geben! Denn seht, meine Freunde: Was gilt eine Sonne am ewig wolkenlosen Himmel? Wer nimmt sie noch wahr? – Aber wenn die Wolken jagen und Regen die Erde peitscht und keiner seine Nase vor das Haus zu stecken wagt ... und plötzlich bricht aus dem Gewölk das blendende Licht: da lodert die Welt und flammt unterm Himmel, die Winde ziehen den Schwanz ein, und alle die zahllosen geblümten und gefiederten Wesen recken und strecken sich unter dem Anhauch der Sonne! Begreift ihr nicht, daß unsere Freude aus dem Leid erwächst, das Hell aus dem Dunkel?«

Der Kelte aus der Nässe

So ähnlich mag wohl auch der vierte die Welt gesehen haben, der nie ankam, aber dennoch aufbrach. Ein Sonderling unter Sonderlingen. Ein Spökenkieker und Herumtreiber, den es nicht mehr hielt auf der großen Insel, weil er größeres Land witterte hinter den grünen Hecken und dem gelben Ginster, über die der Regen strich und die Sonne huschte, der Regen huschte, die Sonne strich.

Er würde möglicherweise zu spät kommen, und niemand würde Notiz davon nehmen. Vielleicht würde er auch überhaupt nie ankommen. Konnte er das wissen? Und selbst wenn er es gewußt hätte – er wäre dennoch aufgebrochen. Nicht weil er zu spät kommen wollte, sondern weil es sein Los war, anders zu sein als die anderen.

Wolken und manchmal Licht, milde, sanft strömende See und leicht stockiges Blut, Blaugrünes und weiße Kämme, feuchte Kälte und selten Wärme, Felsen, aber nie Schnee, Sand, aber wenig Sonne – ein Land zum Auswandern, wenn man es nicht lieb hatte. Ein Land zum Liebhaben, so sehr, daß man vielleicht auswandern mußte, um zu begreifen, wie sehr man es lieb hatte.

Einer von den Ungekrönten, die seit eh und je umherzogen, Könige ohne Land, gekrönte Bettler. Überall war Weide. Immer wieder Meer. Ein Gürtel von Meer hielt das grüne Land. Vaterland der Zukurzgekommenen und der Weitsichtigen, der Narren und Weisen, der Hochtrabenden und der Tiefsinnigen! Leuchtturm und Scheiterklippe. Aber auch hier schienen nachts die Sterne, alte und neue. –

Die Überfahrt, wörtlich genommen, war zum Kotzen. Aber es ging nicht um Nautik! Diesmal nicht! Es ging um diese verrückte Konstellation. Kon-stella-tion, wie stella maris zum Beispiel. Navigare necesse est. Nur Insulaner erfahren die Welt.

Er hieß Kolonat, war an die Fünfzig und überließ es dem Zufall, wie er später weiterreisen würde. Er wußte nur, daß etwas in der Luft lag und daß diese beklemmend unternehmenden und ordnungsliebenden Römer ihm irgendwie weiterhelfen würden. Wahrscheinlich saßen sie überall, möglicherweise sogar auf irgendwelchen Sternen. Wenn man ihre Sprache leidlich verstand, würde man eines Tages landen, wohin es einen rief.

Aber wohin rief es ihn? Und wer oder was rief diesen selbst unter Sonderlingen als Sonderling geltenden Kolonat auf die Wanderschaft?

Der Durst.

Ein Durst nach mehr Licht, Wärme, Erwärmung, Erweiterung, Erheiterung. Er hatte, als jüngstes von sieben oder neun oder elf Kindern aufgewachsen, aus vielen Töpfen die Reste gelöffelt, große, abstehende Ohren bekommen durch handgreifliche Belehrung, gewisse Fingerfertigkeiten erworben in keramischer Verzierung, Bernsteinhandel getrieben – zuerst mit Steinen, später mit Ketten –, dann eine Pferdezucht versucht mit seinem späteren Schwiegervater, dann das Zusammenleben mit einer Frau und drei Kindern ... aber ihm hatte das nicht gelegen, dieses ewige Herumglucken in Haufen, Kinderhintern ausputzen und Töpfe füllen. Er hatte Durst nach etwas Höherem gespürt. Und als die Frau, die immer dicker wurde, eines Tages an einer Fischgräte erstickt war, atmete er heimlich auf.

Da manche von der Wiederkehr der Toten redeten, hatte er sie verbrannt, was ein schweres Stück Arbeit war, und den Rest und die drei Kinder zu seiner älteren Schwester gebracht, die über ein paar Fehlgeburten nicht hinausgekommen war, hatte ihr die gute Hälfte seiner toten Habe gegeben und war mit den beiden struppigen Pferden und dem einachsigen Scheibenradwägelchen allein losgezogen, immer seinem Durst nach, der höher und höher zielte. Dabei war er auf diese Fremden, die Römer, gestoßen, die für anstellige Leute dankbar waren, hatte sich eine Zeit bei ihnen verdingt, neue Gerätschaften und Fertigkeiten kennengelernt, seine Segelkünste verbessert und mehr und leichter Fische fangen gelernt. Auch mehr und mehr Worte für den Umgang und das Verständnis der Dinge waren ihm zugefallen.

Die Römer besaßen bessere Pfeilspitzen und Angelhaken, leichtere Jagdspieße, verfügten über eine umfassende Heilkunde, eine größere Anzahl von Gottheiten.

Nicht zuletzt aber verstanden sie sich darauf, ihren Speisen ungewohnten Geschmack und Gaumenreiz zu verleihen, und tranken Getränke, die auf einmalige Weise anregend und sinnverwirrend zugleich schienen.

Dies alles hatte Kolonats Bewunderung geweckt. Und als er, diesseits der graugrünen See angekommen, wahrnahm, daß alles daheim Erfahrene nur ein Vorgeschmack gewesen war, eine Kostprobe, und daß man Vögeln das Fliegen ab- und das Eierlegen angewöhnen kann, daß die Milch um so schmackhafter ist, je saurer sie wird, daß man aus gewissen Fruchtdolden ein Getränk pressen konnte, das – ausgegoren – ein ungeahntes Lebensgefühl vermittelt ... daß beschloß er, nicht nachzulassen in diesem rätselhaften Drang, dem Licht nachzugehen, das um so wärmer auf ihn zukam, je mehr er sich südlich bewegte.

Und weil er, wenn er sich tags versäumte, auch gelegentlich nachts marschierte, und der Himmel hier tiefer auf die Erde herabzuhängen schien als daheim, und er sich ohnedies oft mit den Sternen zudecken mußte, listete er dem Himmel Geheimnisse ab, wie sie sich sonst nur Gelehrten preisgeben, wie Muhamed einer war, Ganguly oder Habakuk.

Sterngucker

Dabei zählte Habakuk wahrscheinlich zu jenen Gelehrten, die manche Gelehrte gar nicht zu den Gelehrten zählen, weil sie sich mit zu vielen Erscheinungen beschäftigen, die weder berechenbar noch beweisbar zu sein scheinen. Aber da man wohl weiß, daß man im Quellwasser den Regen mittrinkt, der gestern gefallen ist, und daß es in der Wüste deshalb so selten regnet, weil die trockene Erde so wenig Feuchtigkeit zum Himmel schickt, ist es ziemlich einfältig, hinter ausgesprochenen Worten keine Gedanken und über der sichtbaren Natur keine Übernatur zu vermuten.

Habakuk, einziges spätes Kind aus der Ehe eines Handwerksmeisters, dem mit dem Namen des Propheten alle Hoffnungen der Eltern mitgegeben waren, hatte in seinem Heimatdorf am Jordan als Lehrer angefangen, der die Kinder das Schreiben lehrte, also gewissermaßen an der Quelle. Aber über dieser Arbeit war ihm der Rundlauf des Wassers deutlich geworden: er hatte über das Schreiben auch die Heilige Schrift, über die Buchstaben auch den Geist und Sinn eines Textes entdecken und schmecken gelernt.

Darüber war aus dem Schreiblehrer ein Schriftlehrer geworden, um so mehr, als die unbarmherzigen Zeitläufte ihn schon früh vom Jordan an das Nildelta verschlagen hatten. Und weil der Aufenthalt in der Fremde die Sinne für den Wert der Eigenen schärft, war aus dem Schriftlehrer allmählich ein Schriftgelehrter geworden.

Darum legte er die kleine, kurzfingerige Hand gutmütig auf die schmale, lange des Inders, hielt sie fest, so daß sie sich nicht bewegen konnte, und sagte eindringlich:

»Freilich, freilich, mein guter Schlechtwetterprophet, macht die Sonne eine besonders gute Figur, wenn sie durch dunkle Wolken bricht. Aber nicht das Mitleid ist der Weisheit letzter Schluß, sondern das Handeln. Höre unseren Propheten Jesaja und lebe nach seinen Worten: Lernt Gutes tun, trachtet nach Gerechtigkeit, helfet den Unterdrückten, schaffet den Waisen Recht, führet der Witwe Sache! Man hat Maulbeerbäume abgehauen? – So wollen wir Zedern an die Stelle setzen!«

Seine wasserblauen Augen blitzten, und seine kleine runde Faust schlug auf den Tisch, daß die Becher bebten. Und sogleich fuhr er fort: »Auch ich kenne meine Klagelieder und habe sie fünfundzwanzig Jahre gesungen: Er hat mich gehen lassen in die Finsternis und mir Fleisch und Haut alt gemacht. Er hat mich mit Bitterkeit gesättigt und mit Wermut getränkt. Aber hat Jesaja nicht gesagt: Meine Hand hat die Völker gefunden wie ein Vogelnest, so daß ich alle Lande zusammen gerafft habe, die verloren sind, da keines eine Feder regt oder den Schnabel aufsperrt oder zischt?«

Habakuk duckte sich plötzlich und sah Ganguly von unten an.

»Zische doch!« sagte er leise. »Zischen sollst du!«

Aber zur gleichen Zeit streichelte er ihm die Hand, als wolle er Abbitte leisten für seine Herausforderung.

»Friede sei mit uns«, sagte Muhamed leise. »Friede sei mit uns ...« Sie sahen einander an, alle drei, nickten und lächelten.

Dann behauptete Muhamed, nach den Sternen sehen zu müssen, was an sich eine Redensart ist für jedermann, der getrunken hat und dafür seinen Zoll abgeben muß. Aber wiewohl jeder sich zollpflichtig fühlte – keiner nahm dies nur als Redensart. Einer ging nach dem anderen, von den neugierigen Blicken der Gäste gemustert, hinaus in die Nacht, die mit Sternen übersät war.

Aber dann sah Ganguly nach seinen beiden Kamelen, Habakuk nach seiner Eselin, Muhamed nach seinen drei Dromedaren und seinem Araberhengst, und sie stießen im Hof wieder zueinander wie Moleküle, die zusammengehören, und einer von ihnen – niemand konnte hernach sagen, wer es gewesen war – sagte plötzlich:

»Da ist er, der Stern!«

Und zeigte in die Richtung, in die jeder der anderen zwei bereits geäugt hatte.

»Der Stern ...?«

»Er ist es ...«

»Ich sehe ihn ...!«

»Mein Stern ...«

»Das ist er ...!«

»Der neue Stern!«

»Wie er strahlt!«

»Mein Stern ...«

»Er ist es ...«

In diesem Augenblick, der vielleicht zwanzig oder dreißig Herzschläge zählte, sprach keiner mehr Griechisch, sondern jeder stieß die paar Worte, die er sagen mußte, in seiner Muttersprache hervor. Aber ein jeder ahnte, fühlte, wußte, was der andere da mitsprach – sie sahen, dachten, entbrannten in eine Richtung.

Die Nacht war dunkel, aber die Sterne funkelten. Keiner sah des anderen Auge, aber er traf es da oben wieder. Es gibt viele Sterne, die stürzen. Neu aufsteigende aber ...

Es war Habakuk, der die gemeinsame Sprache wiederfand – er stand zwischen den beiden Großen und griff die Linke Gangulys und die Rechte Muhameds und sagte hingerissen: »Unser Stern.«

Dann leise: »Er leuchtet *ganz* hell.«

Und dann fügte er fest und feierlich, und es klang wie ein fernes Echo, das Wort des Jesaja in der Sprache der Väter an:

»Und das Licht Israels wird ein Feuer sein, und sein Heiliger wird eine Flamme sein, und sie wird seine Dornen und Hecken anzünden und verzehren auf einen Tag!«

Freunde

Als sie wieder drinnen am Tisch saßen, war vieles verändert. Eine neue Vertrautheit, Vertraulichkeit war zwischen ihnen – es war, wie es zwischen Frauen sein mag, die ein Kind erwarten: jede hat ihr Geheimnis vor der anderen verborgen gehalten. Und mit einem Mal ist das verlegen gehütete Geheimnis gemeinsamer Besitz, geteilte Freude. Und nun beginnt der Austausch der Erfahrungen und Beobachtungen.

Jeder hatte zwar verraten, beiläufig, daß er sich mit Himmelskunde und Sterndeutung befaßt hatte; aber es war gewesen, als ob er von Dingen spräche, die man zwar gelegentlich tue, aber nicht groß berede. Heilkunde, Sprachen, Mathematik, Religionen, Kunstfertigkeiten, Handwerk – das waren für jedermann ernst zu nehmende Themen und Bereiche. Aber daß reife und erfahrene Männer, Gelehrte und Menschenführer, sich auf eine beschwerliche, in der Dauer kaum zu bestimmende, in ihrem Zielpunkt höchst ungewisse Reise machten wegen eines neu aus der Weltnacht aufgetauchten Sternes – das muß man nicht jedermann gleich auf die Nase binden.

Aber nun waren aus Geheimniskrämern auf einmal erleuchtete und berufene Geheimnisträger geworden; ein geweihtes und eingeweihtes Triumvirat saß zu Tisch und besprach die Lage.

Was sie bis zu diesem Tag, ein jeder für sich, erfahren, erspürt, erlebt hatten, hatte sie einander nahegebracht – ohne daß sie davon gewußt hätten. Nun jedoch waren drei Wege in einen gemündet, und von nun an, wenn das Ziel erreicht werden wollte, gab es nur gemeinsamen Weg, gemeinsames Handeln.

Natürlich war da manches zu berichten, vor allem aus den Entdeckungswochen, als das Fragen ins Horchen, In-sich-Hineinhorchen und dieses schließlich in den Anruf umgeschlagen war, die drängende Stimme:

›Geh, brich auf und suche!‹

Am offensten für diesen Anruf war Habakuk gewesen – das war unzweifelhaft. Er lebte im Exil. Er lebte in der Erwartung, in der messianischen Sehnsucht. Er lebte so sehr in ihr, und das heißt: in seinen Büchern, daß er darüber das Zeichen selbst fast nicht wahrgenommen hätte.

Habakuk war von den Dreien auch der am wenigsten passionierte Astronom. Aber als er das neue Himmelszeichen entdeckte, da gab es kein Halten und Säumen. Und weil er viele Texte der Seher und Propheten seines Volkes beinahe auswendig kannte, waren ihm nie Zweifel gekommen wie Ganguly.

Der sprach jetzt am wenigsten und hatte wohl auch am wenigsten von faßlichen und aufzählbaren Dingen zu berichten. Obwohl er wunderschöne, seelenvolle Augen hatte – am hellsten leuchtete und sah wohl sein inneres Auge. Er hatte kein Zeugnis auf der Hand wie Habakuk und ging, als er aufbrach, in die Fremde. Er verfügte auch nicht, wie Muhamed, über Macht, Vermögen, Einfluß. Er war der große Verzichtende, der Mitleidende von seiner Natur her, der Weise aus dem Geiste der Armut.

Habakuk sprach es nicht aus, aber er dachte der Worte Jesajas und war im Innersten davon ergriffen:

»Und er wird ein Panier aufrichten, fern unter den Heiden, und dieselben locken vom Ende der Erde. Und siehe, eilends und schnell kommen sie daher.«

Ein wenig reute es ihn, den Eiferer hervorgekehrt zu haben

vorhin. Darum erwies er Ganguly unauffällig Respekt, schenkte ihm zuerst ein, sagte beiläufig, aber mit unverhohlener Wärme: »Er hatte den weitesten Weg.« Oder: »Er war der erste von uns, der aufbrach.« Und Ganguly spürte es und war dankbar dafür. Ihm war, als hätte er sein Ziel fast erreicht.

Am glücklichsten aber schien der Schwarze. Er hatte sein Kätzchen in der Armbeuge, wo es zufrieden schnurrte, die eine der Pfoten in anmutsvoller Streckung gegen den freiliegenden Handknöchel Muhameds gestemmt, der sich erheiterte in der Vorstellung, eines nicht fernen Tages erhobenen Hauptes zurückkehren zu können zu allen den Zweiflern und Schwarzsehern, die seinem Stern nicht vertraut hatten.

Und Habakuk freute sich mit ihm und freute sich doppelt, als ihm die Geschichte von Ebed-Melech, dem Mohren, einfiel, der dem König ins Gewissen geredet hatte, weil der den Propheten Jeremias in die Grube hatte werfen lassen. Er mußte es Muhamed erzählen. »Da war ein Kämmerer in des Königs Haus, mußt du wissen ...«, sagte er mit schon ein wenig vom Wein schwerer Zunge. »Aber ein mutiger Mann, der die Wahrheit sagte auch vor Königsthronen. An den muß ich denken, wenn ich dich sehe.«

»Und was hat er getan, dieser Ebed-Melech?«

»Ach, das ist eine längere Geschichte aus der Regierungszeit des Zedekia, des Sohnes Josias, der König ward anstelle Jechonjas, des Sohnes Jojakims, durch Nebukadnezar, der König zu Babel war – – –«

»Und sie handelt wirklich von Ebed-Melech, dem Mohren ...?« unterbrach Muhamed lachend.

»Ja doch ...«, wehrte Habakuk. »Aber der Pharao und die Chaldäer kommen auch darin vor. Vor allem aber – –«

»– der Ebed-Melech?!« unterbrach Muhamed belustigt, und auch Ganguly mußte lachen.

»Zuerst Jeremias, der Prophet! Das ist die Hauptperson. Den ließ Zedekia ins Gefängnis werfen, weil man ihn verleumdet hatte. Die Fürsten hatten behauptet, er hätte zum Feinde überzulaufen versucht. Ach ... das ist eine traurige Geschichte ...« Habakuk winkte resigniert ab.

»Jetzt will ich aber doch wissen, was der Ebed-Melech getan

hat, der Kämmerer des Königs Zedekia, an den du denken mußt, wenn du mich siehst. Oder siehst du mich vielleicht gar nicht mehr?«

»Nein ...«, sagte Habakuk, ein wenig verstimmt. »Aber du hast vielleicht recht. Also, ich sage nur dies: daß der Mohr seinem König unverblümt ins Gewissen geredet hat, weil der zuließ, daß man den Propheten in eine Grube warf, die voller Schlamm und Unrat war. Und da erlaubte der König denn dem Ebed-Melech, den Jeremias wieder aus der Grube zu befreien. Und Ebed-Melech ging mit dreißig Männern und ward von diesen, in Lumpen gekleidet, an einem Seil in die Grube herabgelassen zu Jeremias. Er legte, unten angekommen, das Seil unter die Achseln des Propheten und ließ sich mit ihm hinaufziehen. So also rettete der Ebed-Melech dem Propheten das Leben. Denn der wäre sonst umgekommen im Schlamm.«

»Na also!« sagte Muhamed. »Das ist doch eine schöne Geschichte. Den Ebed-Melech spiele ich gern. Aber sag mir eines: warum behandelt ihr eure Propheten so schlecht, daß Mohren sie retten müssen vor der Torheit jüdischer Fürsten und Könige?«

»Ach«, seufzte Habakuk und kratzte sich am Hinterkopf, »da müßte ich auf die Klagelieder zurückkommen, in welchen es heißt: Müssen denn Propheten und Priester in dem Heiligtum des Herrn so erwürgt werden?! Aber: ist dies denn ein Abend für Klagelieder, meine guten Freunde? Ja doch, ja doch – es ist schon wahr: Meine Feinde haben mich gehetzt wie einen Vogel, ohne Grund. Ich aber rief deinen Namen, HERR, unten aus der Grube ...«

Habakuk verstummte und bat mit verlegenem Achselzucken um Entschuldigung, und Muhamed meinte gutmütig:

»Laß gut sein ... Du weißt doch: Ich werde dich herausholen.«

»Ich glaube, ich muß jetzt schlafen gehn«, sagte Habakuk und atmete tief ein und aus. Er erhob sich langsam, reckte sich aber, als er stand, und sagte augenzwinkernd:

»Dennoch! Wie sagt der Prophet?! – Wir müssen das Land räumen, denn sie haben unsere Wohnungen geschleift!«

Aufbruch des Skythen

Auch Irrbit, der Schamane und Magier aus dem Skythenland, war aufgebrochen und reiste seinem Stern nach, den er für den Stern der Weisen hielt. Das will sagen, daß sein Stern nicht der von Bethlehem war, daß dieser aber – bei etwas mehr Glück – sein Stern hätte werden können. Denn auch er strebte nach Höherem und Neuem und war es satt, aus Rutenbündeln wahrzusagen und gezupfte Bastfasern als Schicksalsfäden auszugeben.

Natürlich glaubte er an die Götter, an die wir alle mehr oder weniger zu einer Zeit geglaubt haben: an die göttliche Erdmutter, an den zeugenden Himmelsvater Papeus und seine göttlichen Kinder, den Sonnensohn und die Mondtochter. Wie alle Schamanen, unter welchem Himmel sie auch die Kinder der Erde gängeln und belehren, verfügte er über das Talent, auch neue Götter zu erfinden oder göttliche Weihen zu vergeben. Kein Maulwurf, der unsichtbar seinen Hügel aufstülpte, und kein Käuzchen, das ungesehen schrie, waren zu gering, um nicht mit überirdischen Kräften und Botschaften ausgestattet zu werden. Aber nach zwölf Jahren Hexerei, Amuletthandel, Rassel- und Klapper-Herstellung schien ihm das Schamanentum wenig zukunftsträchtig, zumal ihm die älteren Amtsbrüder die etwas einträglicheren Fürstenbestattungen noch lange vorenthalten würden. Es wollte ihm überhaupt scheinen, als würden der Fürsten immer weniger, der Schamanen mehr und mehr.

Im übrigen war er ein viel zu guter Reiter, als daß er auf die Dauer das würdevolle Sitzen auf der unbewegten Erde interessant gefunden hätte. Was ihn betraf, so bewegte sich sein Geist am gelenkigsten und kühnsten, wenn sich sein Körper bewegte, und die besten Gedanken hatte er stets, wenn er auf einem seiner drei muskulösen Pferde saß. Oder auch auf zweien von ihnen, wenn sie nebeneinander trabten, stand.

Auf jeden Fall gehörte er nicht zu den Leuten, die mit den Jahren auch an Pfunden zunehmen. Eher das Gegenteil war der Fall.

Vielleicht hätte er den Traum, den er, wohl sehr früh am

Morgen, gehabt hatte und in dem die Mondgöttin ihm erschienen war, bei Bewußtsein nie wieder gefunden, wenn er nicht tags darauf so weit über Land geritten wäre, daß dieser Traum plötzlich aus dem Unterbewußtsein wieder losgerissen wurde: mit einem Mal wußte er, daß und was er geträumt hatte:

Artimpaasa, wie sie die Mondgöttin nannten, hatte einen Stern geboren, ihn in das All fallen lassen und Irrbit aufgefordert, ihn zu suchen und zum Gott zu erheben. »Reite in die Welt hinaus, so weit dich deine Pferdchen tragen!« hatte sie gesagt. »Und wenn du diesen kleinen Gott gefunden hast, bring ihn dem Volk der Skythen und mache einen großen Gott aus ihm. Er wird dir Glück bringen. Halte dich südwärts. Reise in die Wärme!«

Siebzehn Tage lang hatte Irrbit sich bedacht. Dann war er zu seiner alten Mutter gegangen, deren später und einziger Sohn er war, und hatte ihr verkündet, daß er für eine längere Weile davonziehen werde, südwärts, mindestens bis an die Mündung des großen Stromes. Vielleicht auch weiter. Er müsse etwas suchen ...

»Was, mein Irrbitjewitsch«, hatte die Alte verwundert gefragt, »willst du denn suchen?«

»Einen Stern.«

»Einen Stern?«

»Einen Stern!«

»Sagen wir zwei ...«, hatte die Alte nachsichtig gelächelt und dann hinzugefügt: »Augen-Sterne, Irrbitjewitsch. Suche, solange du willst, aber bring mir zwei Augensterne, damit ich endlich Enkelkinder haben werde.«

Hätte er das Wort Theologie gekannt, würde er gesagt haben, sie verstehe nichts von Theologie. So aber sagte er nur Gute Nacht, küßte die Alte auf beide Wangen, was er seit langem nicht getan hatte, und ging rasch aus der Hütte, weil er sich seiner Zärtlichkeit schämte.

»Zwei Sterne!« hörte er sie rufen. »Zwei Sterne wirst du finden!«

»Dummes Geschwätz ...«, hatte er nur gemurmelt.

So war er aufgebrochen – mit allen drei Pferdchen. Alle zwei

Stunden etwa wechselte er das Reittier, und wenn ihm ganz wohl zumute war, stellte er sich ein Weilchen auf die beiden Schwarzen und vertrat sich die Beine. Es war ein schöner Spätherbst diesmal; bei Tage wies ihm der Sonnenstand den Weg nach Süden, bei Nacht hätten es die Sterne getan, wenn er nicht zumeist wie ein Toter geschlafen hätte. Das viele Reiten – Reiten, Reiten, Reiten – macht auch den besten Reiter müde. Und die wackeren Pferdchen fielen öfter in den Schritt. Und eines Tages – es war wohl am achten oder neunten – blieben sie ohnehin stehen, weil ihnen ein riesiger Strom im Wege war.

Da wußte Irrbit, daß er richtig geritten war; die Strömung des Wassers wies ihm den Weg.

Aber als er dann einen Tag lang in fast entgegengesetzter Richtung hatte reiten müssen, weil der mächtige Fluß ebenso mächtige wie überflüssige Schleifen zog, und die gemächlich in der Strömung treibenden Kähne und Hausboote verfolgt hatte, die ohne Zuruf und Schwielen einen guten Weg zurücklegten, beschloß er, das Angebot der Natur anzunehmen: er tauschte ein Pferd gegen ein altes Hausboot und setzte seinen Weg zu Wasser fort.

Tagsüber ließ er sich treiben mit den zwei verbliebenen Schwarzen, abends legte er irgendwo an und ließ die Tiere in der Steppe weiden.

Aber nach einigen Tagen war sowohl ihm wie den beiden Tieren die Untätigkeit leid, und er hätte das Boot gern wieder gegen sein gutes Pferdchen zurückgetauscht, um wieder auf dem Rücken seiner Vierbeiner reisen zu können, die so ungeduldig auf den Holzplanken herumstampften, daß der Boden des Bootes zu lecken begann.

Irrbit mußte viel Wasser schöpfen, am Ende so viel, daß er schließlich einige Tage an einer schön gelegenen kleinen Siedlung das Boot vertäute, um es von kundigeren Händen (als er sie hatte) wiederherstellen zu lassen. Dabei lernte er freundliche Menschen kennen, und der allerfreundlichste von ihnen war zweifellos Mara, die Tochter des Mannes, der an der Wiederherstellung des schadhaften Bootes arbeitete und ein Auge auf eines der Pferdchen geworfen hatte.

Weil aber hier bald etliche Augen geworfen wurden, wurde der unfreiwillige Aufenthalt recht bald zu einem freiwilligen.

Darüber schlug das Wetter um – es fiel sogar Schnee. Irrbit bekam einen tüchtigen Schnupfen und mußte unter der Felldecke von Maras Vater schwitzen; die Tochter pflegte ihn so hingebungsvoll, daß aus dem Krankenlager ein heimliches Hochzeitslager wurde und Irrbit in Gewissensnot die Mondgöttin um einen neuen, wegweisenden Traum anflehte.

Vielleicht schickte sie einen, vielleicht auch nicht. Da Irrbit nicht ritt, sondern meist bewegungslos lag oder herumsaß, fiel ihm auch nicht ein, was er etwa des Nachts geträumt haben könnte.

Und weil Mara sehr schöne leuchtende Augen besaß, beschloß er, die letzten Worte seiner Mutter als einen verschlüsselten Wink der Mondgöttin zu nehmen und erst einmal zu überwintern.

Licht in Fässern

In jener Zeit – römisch gesprochen: in illo tempore – und in bestimmten Breitengraden bereitete das Überwintern gewisse Schwierigkeiten, denen sich auch unser Kolonat ausgesetzt sah, nachdem er schließlich die Straße des römischen Fortschritts bis etwa auf die Höhe des damaligen Bonna bewältigt hatte.

Daß er es soweit gebracht hatte, dorthin zu gelangen, hatte er sowohl seinem Scharfsinn wie seiner Pfiffigkeit zu danken, vor allem aber der Tatsache, daß er mehr und mehr in der Zunge zu reden lernte, in der sowohl die Herren des Landes sprachen wie die Klügsten der Beherrschten. Er konnte in ihr genau zwischen links und rechts unterscheiden, verwechselte mein und dein nicht, wußte Germania superior von Germania inferior wohl zu trennen, obwohl er – bislang – noch gar nicht dort gewesen war, und erwies sich als ebenso hilfswillig wie geschickt. Wer mit dem Kelten zu tun bekam, mochte ihn bald gut leiden und empfahl den Unternehmungslustigen weiter.

Sofern er weiter wollte.

Hier nämlich liegt ein wunder Punkt, der nicht zu übersehen und nicht zu umgehen ist: dieser Kelte war, was man eine gespaltene Natur nennen könnte.

Er hatte gute Anlagen, einen außerordentlichen Durst nach dem Höheren und gewisse nicht alltägliche Talente; aber obwohl er aus einer der regenreichsten Ecken dieser Welt kam, besaß er ein vulkanisches Temperament, das ihn unversehens überfiel, mitriß, umwarf. Dieser Umstand war ihm selbst nie so deutlich bewußt geworden, als er noch daheim herumzigeunerte, auf der wässerigen großen Insel, nur von unerklärlicher Unruhe und unstillbarem Verlangen geplagt. Jetzt aber, da er, langsam rheinaufwärts ziehend, immer mehr von der neuen Welt zu kosten bekam und Gelegenheit fand, seine Sinne zu schärfen und zu schulen, entdeckte er eine zunehmende Maßlosigkeit an sich.

Soweit dies seinen Wissensdurst betraf, mochte sich solche Maßlosigkeit durchaus vorteilhaft auswirken. Daß er innerhalb von Monaten wie ein Legionär fluchen oder aus neuen Gemüsen und alten Rezepten schmackhafte Gerichte kochen lernte, von Jupiter, Venus und Saturn klug schnackte, von Sirius und Orion, und sich gelegentlich zu so kühnen Sentenzen hinreißen ließ wie: ›Die Erde ist der Mond des Mondes‹, konnte sein Ansehen eher fördern als gefährden. Aber leider paarte sich mit diesem Durst nach Fortschritt und Erkenntnis noch ein anderer Durst.

Unser Insulaner, an Nässe, Wässerigkeit und Dünnbier gewöhnt, entdeckte nämlich eine ständig wachsende Zuneigung zu jenem Getränk, das Galliern, Römern und anderen weiter südlich lebenden Völkern längst eine selbstverständliche, tägliche und mit Maßen genossene Labe war: dem Wein.

Solange er sich an die am nördlichsten stationierten Römer gehalten hatte, waren die Gelegenheiten spärlich geblieben, an welchen er diesen Casus studieren konnte.

Erst als ihn die Sterne weiter südlich lockten, über das Lager Bonna hinaus und in die Seitentäler des Rheinstromes, wo der gegorene Rebensaft nicht mehr Kantinengetränk heimwehkranker Römer war, sondern Beigabe zur Mahlzeit des Volkes, Feiergetränk, Schlaftrunk, Medizin, erreichte Kolonat sein Verhängnis.

Seine Beweglichkeit und Umgänglichkeit hatten ihn wie selbstverständlich auf eine Bahn gedrängt, in der zu allen Zeiten geschickte Leute Karriere machen: er spürte auf, vermittelte, kaufte ein, kaufte auf – zunächst im Auftrag der römischen Besatzungsbehörden, bei denen er, bald hier, bald dort, in kurze Dienste trat; dann aber auf eigene Faust. Binnen weniger Monate hatte er es zu Pferd und Wagen und einem Gehilfen gebracht, zu festen Aufträgen und wachsenden Einkünften. Und weil er keinen Weg scheute und ihm nichts zu gering erschien, erworben und getauscht zu werden, machte er sich bei Einheimischen wie Fremden rasch beliebt und bei manchen gar unentbehrlich. Zwischen Bonna und Augusta Treverorum gab es bald kein Lager, keine Garnison, wo man ihn nicht gekannt und seinen Namen nicht genannt hätte, wenn es irgendein Problem merkantiler oder sonst kniffliger Natur zu lösen galt.

Das besorgt Kolonat – so lautete es bald überall, wobei dieser Redewendung ebenso Witz und Spott wie Lob und Respekt beigemischt waren:

»Curat Kolonat« oder »Kolonat procurat« sagte man lächelnd. Und wenn er sich eine Weile nicht hatte sehen lassen, seufzte mancher Kantinenwirt:

»Adveniat Kolonat« und hielt Ausschau nach dem geschätzten »Procurator«.

Und weil er von einer Wasserkante stammte und Umgang mit dem feuchten Element von Kindesbeinen an gewohnt war, beschränkte er sich nicht auf Pferd und Wagen, sondern machte sich auch den Rücken des Moselflusses dienstbar. Und weil die Landschaft dieses Flußtales gar so liebenswürdig anmutete und für seine stets durstige und neugierige Zunge so wohlmundende Weine reifen ließ, denen der Transport auf den holperigen Straßen nicht wohl bekam, segelte oder lenkte er auf rasch gezimmerten Flößen, die er am Zielort versilberte, die empfindliche Ware stromabwärts, hier und da anhaltend und die Fracht vervollständigend, bis er, in jeder Hinsicht randvoll geladen, in dem ständig an Bedeutung zunehmenden Bonna ankam, wo er nicht selten mit römischem Salve und Hallo empfangen wurde.

Manchmal kam er auch gar nicht bis dahin, sondern war die begehrte Ware schon vorher – in Confluentes oder Rigomagus – los geworden. Und da in jener Zeit die Römer von den Galliern die sowohl als Behälter haltbareren wie dem Weine selbst dienlicheren Holzfässer (anstelle der zerbrechlichen Tonkrüge und Amphoren) zu übernehmen begannen, hatte er keine Last mit Leergut oder Rückfracht. Ohne große Umstände wechselte er Orte, Vehikel, Rösser, Gehilfen, Waren, Dialekte, Münzen ... ohne besondere Eile, ohne Gewinnsucht, kommt Zeit, kommt Rat, Kolonat wird's möglich machen, zu Pferde, zu Floß, zu Fuß. Er lebte, ließ leben, ließ trinken und – trank. Nicht gerade ausschweifend, nicht eben mäßig, mit Genuß und zunehmendem Sachverstand, individuell und stellvertretend, ein Kenner und Liebhaber, der sich, wässeriger Zeiten eingedenk, täglich von neuem schwor, daß kein Tropfen Wassers mehr seine zu Besserem berufene Zunge netzen werde.

Die Römer, mit denen er es meistens zu tun hatte, verstanden es nicht nur, Feste zu feiern – sie hatten deren auch übergenug. Da gab es Robigalien, Quirinalien, Consualien, Saturnalien, Lupercalien, Fontinalien, Volcanalien, Divalien, Silvanien, Vestalien, Feralien, Matralien, Lemurien und – nicht zuletzt – die Vincalien.

Das war jenes Fest im April, an dem der junge, vorjährige Wein zum ersten Male aus dem Holzfaß entlassen und gekostet wurde. Es fehlte nicht an Trinksprüchen dabei. Der erste galt immer dem Kaiser: ›Es lebe Augustus!‹ Der zweite Trinkspruch galt der schimmernden Wehr: ›Auf unsere glorreiche Armee!‹ Der dritte ehrte den Befehlshaber. Und erst dann konnte man sich gegenseitig lange oder hoch und lange hochleben lassen. Und weil dieser Wein – im Gegensatz zu dem daheim – durch keinen Honigzusatz übersüßt, durch keinen Harz-, Ton-, Pech-, Asche- oder Marmor-Zusatz verdorben und nicht dick wie ein verfettetes Weib, sondern schlank, klar, würzig und unverderbt wie eine eben erblühende Jungfer war, begeisterte er nicht nur die Legionäre, Hauptleute und Unterbefehlshaber der Rheinarmee, sondern fand auch, zumal in den gallischen Fässern, seinen Weg nach Rom zum großen Augustus, zu allen begnadeten Trinkern und durstigen Kehlen in illo tempore.

Da sich schon Caesar Trüschenleber vom Bodensee kommen ließ und der Fortschritt unaufhaltsam marschiert, muß nicht gefragt werden, wie die Moselfässer nach Rom gelangten. Es genügt zu wissen, daß sie gelangten. Kolonat freilich gelangte nicht, wohin er – unter anderen Umständen – vielleicht hätte gelangen können oder sollen. Er hatte, wenn man so will, um eines niederen Durstes willen seinen höheren vergessen. Zuweilen, wenn er die Mosella abwärts trieb in sternenheller Nacht, ließ er seine Blicke von Horizont zu Horizont wandern und hielt Ausschau nach dem Sternenschweif, der ihn auf die Reise gerufen hatte. Aber immer dann, wenn ihn Wehmut oder Gewissensbisse ankamen, biß ein Hecht, ein Lachs oder eine Forelle an die ausgehängte Angel und lenkte ihn ab. Oder das Augenlid sank ihm herab, weinschwer und tagesmüd. Er fand seinen Stern nicht mehr.

Man wird Kolonat keinen Abtrünnigen nennen dürfen oder Verräter gar. An welcher Sache auch? Ein Stern, ein Komet hatte ihn aus der alten Bahn gelockt und in eine andere geführt. Auf dieser hatte er eine neue Wärme, ein neues Licht gespürt, und sie hatten ihm genügt. Dem Ärmsten bedeutet eine Umarmung Gott und Welt. Die Weisen suchen die ganze Welt nach Gott ab. Die Gewalttäter möchten in der Beherrschung der Welt ihren Gott erkennen.

Kolonat erkannte das Licht dieser Welt im Wein. Er brachte ganze Fässer Lichtes unter die Heiden!

Jeder sieht und kommt so weit, wie er kann.

Auf dem Wege

Von Askalon bis nach Jerusalem sind es nicht mehr als zwei Tagesreisen, wenn man so gut beritten ist wie Muhamed und Ganguly.

Es sollte sich aber zeigen, daß Habakuks Eselin nicht – wie die beiden insgeheim gefürchtet hatten – das Tempo der Reise verlangsamte. Wenn auch Habakuk am Schluß der kleinen Karawane ritt, so trippelte sein Reittier doch leicht und beharrlich dahin, und wenn auch Muhamed gelegentlich seinem Araberhengst ungeduldig die Sporen gab und in einem rasanten Zwischengalopp, Staub aufwirbelnd, voraussprengte – das Schrittmaß bestimmten die schleppfüßigen Kamele und Dromedare. Wenn es Verzögerungen oder Aufenthalte gab, so kamen sie vor allem von diesen, die einmal ein Stück ihrer Last verloren, ein andermal sich untereinander stritten, ein drittes Mal sich ohne ersichtlichen Grund störrisch zeigten. Es sind wohl doch zumeist die Kamele und die Esel, die das durchschnittliche Tempo des Fortkommens bestimmen.

So hoch und dekorativ freilich der Inder auf seinem Reittier thronte, und so kühn und herrscherlich sich Muhamed in seinem wehenden Burnus ausnahm – der heimliche Führer, das Herz und das Hirn der Gruppe war Habakuk. Seit er zu den beiden anderen gestoßen war, schien die ungewisse Dämmerung zu weichen, das Geheimnis einen Namen zu erhalten. Dem neuen Sternbild würde sich nun ein neues Schicksal gesellen.

Wer aber sollte der Heilige sein, den der jüdische Prophet mit einer Flamme verglichen hatte, deren heißer Atem alle Dornen und Hecken anzünden und verzehren würde auf einen Tag?

Abends, nachdem sie ihre Tagesreise zurückgelegt und eine günstige Raststelle ausfindig gemacht hatten, saßen sie am Lagerfeuer wieder beisammen, vor einer kleinen Felseinbuchtung, abgeschirmt durch die Zelte Gangulys und Muhameds und ihren kleinen Troß. Die Wüstenfüchse bellten, und die Nacht war bewölkt und kühl.

Sie hatten ein einfaches Nachtmahl eingenommen und beschlossen, am nächsten Morgen früh aufzubrechen, um ihrem

Ziel Jerusalem möglichst nahe zu kommen. Denn Jerusalem, so hatte Habakuk ihnen gesagt, sei die Brücke, über die man ans andere Ufer, ins neue Leben, in einen neuen Äon gelangen werde. Aber *was* sie am jenseitigen Ufer erwarten würde, das wußte wohl auch er nicht zu sagen, obwohl er der Landeskundige, der Schriftgelehrte, der Heilsbesessene war ...

Aber – mit einem Male begann er zu reden, wie im Selbstgespräch und ihnen unverständlich, in der Sprache seiner Väter. Seine Rede war zunächst leise, stockend, tastend; aber dann überstürzte sie sich fast.

Es war, als ob ein Gedanke den anderen, eine Erinnerung die andere überholen wolle. Er schien sich selbst davonzulaufen.

Dann jedoch hielt er inne. Wie ein Erwachender sah er um sich, ein wenig schuldbewußt, und bat die Reisegefährten um Verzeihung für sein seltsames Gebaren, seine Abwesenheit.

»Ich war nicht mehr bei mir«, sagte er entschuldigend. »Ich war weit in den Jahrhunderten, die hinter uns liegen, und war auch in denen, die noch kommen werden. Adler haben mich getragen.« Er lächelte. Und nach einer Weile schloß er an: »Wir werden das Heil sehen, meine Freunde. Gott hat meinen Verstand erleuchtet und meine Augen sehend gemacht.«

Dann schob er ein paar Reiser in das Feuer, hieß Muhameds Gehilfen trockenen Kamelmist bringen, den er mit den Gebärden eines Krankenpflegers, der einem Verletzten ein Pflaster auflegt, behutsam ins Feuer verteilte, lachte einige Male leise dabei, als ob er sich eines gelungenen Scherzes erinnere, und dann hockte er sich näher zu den beiden und berichtete von dem, was ihn bewegte und beschäftigte.

Er sprach von einem neuen König, den die großen jüdischen Propheten vorausgesagt hätten und der jetzt kommen müsse und den sie vielleicht schon in wenigen Tagen von Angesicht zu Angesicht sehen würden. Die Propheten hätten ihm wunderbare Namen gegeben: Weiser Rat, Held, Friedefürst, Ewigvater ... und sein Leib werde wie Türkis sein, seine Rede Donner, sein Antlitz wie ein Blitz. Seine Augen aber würden wie feurige Fackeln leuchten und sprühen.

»Wenn sie nur sprühen wie die deinen«, sagte Muhamed in lächelnder Verwunderung, »will ich schon zufrieden sein.« Und

Ganguly nickte dazu, auch er lächelnd. Sie sahen staunend die lodernde Begeisterung, die ihn ergriffen hatte, und liebten ihn dafür.

Aber Habakuk schien der Einrede nicht zu achten. Er war schon wieder bei seinem Friedefürsten, der endlich, endlich das Verlangen aller Welt stillen und den so bitter entbehrten Frieden bringen werde, der erhoffte Messias, der erwartete große Immanuel, der Ersehnte aller Völker und Geschlechter, der kommen werde,

> auf daß seine Herrschaft groß werde und des Friedens kein Ende auf dem Stuhl Davids und in seinem Königreich, daß er es zurichte und stärke mit Gericht und Gerechtigkeit von nun an bis in Ewigkeit.

Ach, er malte den beiden ein Reich, daß ihnen die Ohren widerhallten und die Augen übergingen. Es werde »*ganz*« friedlich zugehen in diesem Reich des neuen Königs. Und wie es zugehen würde, dafür stand ihm die Weissagung des Jesaja, welche er ihnen hersagte:

> Beim Lamm wird verweilen der Wolf, der Leopard lagert beim Böcklein. Kalb und Löwe mästen sich gemeinsam, ein kleiner Knabe kann sie hüten. Kuh und Bärin freunden sich an, ihre Jungen lagern beieinander, der Löwe frißt Stroh wie das Rind, der Säugling spielt am Schlupfloch der Otter, nach dem Jungen der Viper greift das Kind mit der Hand. Die Erde wird voll der Erkenntnis des Herrn sein, wie Wasser das Meer bedeckt.

Und die Worte flossen von seiner Zunge wie Honig aus übervollen Waben, und unter seinen Gebärden legten sich die wildesten Bestieen, schossen Zedern aus dem Wüstensand, enthüllte der bedeckte Himmel seine Sternbilder, unter denen auch das ihre hell erstrahlte, tröstlich und Hoffnung weckend.

»Es geht eine wunderbare Kraft aus von dir und deinen Worten«, sagte Ganguly warm, den Blick an die Sterne geheftet, »eine Kraft, wie ich sie noch von keinem Lebendigen jemals erfahren habe. Und wenn ich auch nicht glauben kann, daß meine alten Augen dieses Reich des Friedefürsten auf unserer Erde noch erschauen werden, so hast du es doch mein geistiges Auge erschauen lassen. Er kann wissen, *was* möglich ist und was nicht. Ich weiß nur, daß wir ärmer wären als der Wurm im Staube, wenn wir nach dieser Läuterung nicht verlangten und nicht hoffen würden über alle getäuschte Hoffnung hinaus.«

»So ist es«, sagte Muhamed, und Habakuk, fast heiter, schloß an: »Wir haben unseren Stern.«

Vor den Toren

Sie schlugen dann doch noch einmal ihre Zelte auf in der kommenden Nacht, dicht unterhalb der Stadtmauer Jerusalems.

Muhamed, der vorausgeritten war, um zu erkunden, ob sie eine einigermaßen annehmbare Unterkunft finden würden, war schon am Nachmittag mit der Auskunft zurückgekommen, daß wegen einer Volkszählung, die der römische Kaiser Augustus angeordnet hatte, die Stadt von Menschen wimmele und kein Platz in einer Herberge zu finden sei. Es sei auch laut und unruhig in der Stadt. Er rate ihnen an ... und sie befolgten seinen Rat.

Es war ein schwerer Tag gewesen, das Wetter schwül, der Weg steinig und fast immer ansteigend. Aber das lockende nahe Ziel hatte sie nicht ermüden lassen. Wanderer und Reisende mit Lasttieren waren ihnen etliche begegnet, und beinahe jeden hatte Habakuk gefragt, ob es nicht einen neuen König in Jerusalem gebe oder einen neugeborenen Thronfolger.

Aber die Antwort hatte gelautet, daß immer noch der große Herodes herrsche, der gefürchtete, von den Römern geduldete und begünstigte Idumäer, an dessen Händen so viel Blut klebte, fremdes wie auch das von Verwandten, Freunden oder Rivalen, ja sogar das eigener Söhne, daß es schon zum Himmel schrie. Aber weil Blut in Wahrheit nicht schreit und jedermann, der ihm den Schrei abgenommen haben würde, selbst zu Tode gekommen wäre, konnte Herodes unangefochten weiterregieren. Und weil es hieß, daß er sogar, in einfache Gewänder gekleidet, unter die Leute und Soldaten gehe, um herauszuspionieren, was man über oder gar gegen ihn rede, gab es in Jerusalem selbst nur Taubstumme, wenn der Name Herodes fiel. Das war eine spöttische Redensart, welche die Leibwächter und Palastwachen des Königs betraf.

Diese Wachen nämlich bestanden, von einer kleinen gallischen Prunktruppe und wenigen Anführern abgesehen, die hohen Sold erhielten, aus Tauben, Stummen und Taubstummen, die einen dreifach gestaffelten Sicherheitsgürtel um die verletzliche Majestät legten.

Den innersten Ring bildete die Leibwache, die weder hören noch sprechen konnte. Sie vernahm nichts, was gesprochen wurde, und was sie sah, konnte sie nicht weitererzählen. Den zweiten Ring bildeten die Stummen, die zwar Befehle vernahmen oder Sachverhalten entsprachen, ohne freilich darüber mit anderen reden zu können. Den äußeren Kordon bildeten diejenigen, die sprechen, aber nicht hören konnten; und von einigen dieser Leute erzählte man sich, daß nicht die Natur, sondern Herodes selbst ihr Trommelfell zerstört habe. Was Wunder also, daß diejenigen, die wirklich hören konnten, sich taub stellten, um nicht reden zu müssen über den Mann, der zu Recht der Große genannt wurde, weil er alle diejenigen, die sich nicht klein vor ihm machten, zu Nullen und Nichtsen erniedrigte, indem er sie – notfalls – vom Leben zum Tode beförderte.

Habakuk war in der stillen Hoffnung gekommen, vom endlichen Ende dieses von ihm zutiefst gehaßten Idumäers zu hören, um dessentwillen er vor mehr als zwei Jahrzehnten sein Vaterland verlassen hatte, und fühlte Betrübnis in der Seele ob des straflosen und gnadelosen Fortbestandes dieser Fremdherrschaft, die Jerusalem mit Theater- und Zirkusbauten übersät und selbst den heiligen Tempel mit römischen Hoheitszeichen verschandelt hatte. Aber er verbarg seine Enttäuschung vor den Gefährten, ja vor sich selbst.

Sie gingen früh zur Ruhe. Aber als alles schlief, schlich sich Habakuk aus dem Zelte Gangulys, in dem er wohnte, und nahm den Weg zum nächstgelegenen Stadttor, in der Absicht, irgendwelche Passanten oder Soldaten in ein Gespräch zu verwikkeln und auszuhorchen nach neuen Geschichten und Gerüchten.

Aber – das Essener Tor war schon verschlossen; die Wachen schliefen oder würfelten in den Schänken. Er traf nur einen alten Mann, den er über die neue Volkszählung auszufragen suchte und der sich als sehr wortkarg erwies. Habakuk wollte ihn gerade verlassen, da zeigte der Alte plötzlich in südlicher Richtung zum Himmel, wo ein Stern zu stürzen schien, der einen hellen Schweif nach sich zog, sagte wie beiläufig »Bethlehem« und entschwand in der Nacht. Habakuk stand zunächst eine sprachlose Weile. Dann dachte er nach. Das Wort »Bethlehem« juckte ihn – wie ein lästiger Mückenstich. Da war doch etwas mit diesem Bethlehem, das er selbst zwar nie gesehen hatte, dessen Name ihm aber in den Texten der Propheten oder anderen Schriften schon einmal begegnet war.

Hatte nicht der große Jesaja, der Wortgewaltige, der König der Propheten, irgendwo von Bethlehem gesprochen? War es Jeremias, der Pechvogel, Unglücksrabe, der Madenhacker, Gewissensbeißer? – Ach, der hatte viel Aufrüttelndes geschrieben, aber kaum Freundliches. Ezechiel? Nein, dieser gelehrte Gesetzesfanatiker und Buchstabengläubige war es sicher nicht. Obwohl – man kann nicht alles behalten, was man gelesen hat. Er grübelte weiter.

Sacharja? Ja, der hatte gesagt, daß der Friedenskönig kommen werde – aber er hatte von Jerusalem gesprochen.

> Freue dich, Tochter Zion, jauchze, Tochter Jerusalem! Siehe, dein König kommt zu dir, ein Gerechter und ein Helfer, arm, und reitet auf einem Esel und auf einem jungen Füllen der Eselin.

Aber Bethlehem ...?

War es der furchtlose Amos, den Gott von seinen Herden wegrief, daß er eifere gegen die Sünden eines Volkes, das im Begriffe stand, sein Glück durch Unmaß, Unzucht, Ungerechtigkeit zu verspielen? Er hatte gesagt, daß Gott die zerfallene Hütte Davids wieder aufrichten und ihre Lücken verzäunen wolle. Aber – hatte er etwas von Bethlehem gesagt? Und wer blieb sonst!?

Obadja, der Richter und Rächende? Nahum, der mit der Farbe des Feuers den Untergang Ninives gemalt hatte? War es einer der beiden Micha? Jener, der unter Ahab geweissagt hatte? Oder der im Schatten des größeren – – –

Er mußte den Namen des Größeren nicht mehr denken oder

gar aussprechen. Er wußte, daß sein erster Weg bei Tagesanbruch in den Tempel führen würde, damit er dort nachläse, ob bei Micha von Moreseth etwas geschrieben stehe über dieses Bethlehem, und er wußte, daß er bei diesem Zeitgenossen des größeren Jesaja finden würde, was er suchte – er war plötzlich ganz sicher. Bethlehem, Bethlehem ... er flüsterte es immer wieder auf dem Weg zum Lagerplatz, als habe er nun den Schlüssel gefunden, den Schlüssel zum Paradiese. – Ganz früh erhob er sich vom schlafarmen Lager, eilte in die Stadt, in den Tempel, ließ sich die Schriftrollen der beiden Propheten geben, suchte, suchte, suchte und – fand, was er gesucht hatte:

> Und du, Bethlehem, Ephrata, die du klein bist unter den Städten in Juda, aus dir soll mir kommen, der in Israel Herr sei ...

Er eilte, glücklich und beschwingt, zu den Gefährten zurück, um ihnen den Schlüssel zu bringen zu des neuen Königs Kammer. Was sollte ihnen, nachdem sich das wahre Ziel enthüllt hatte, jetzt noch Jerusalem ...

Aber als er am Lagerplatz ankam, sah er, daß dort römische Soldaten bereit standen, Muhamed, Ganguly und ihn zum Palast zu geleiten. Späher des Herodes hatten das Eintreffen dieser seltsamen Fremden gemeldet, und der König entbot sie für die elfte Sunde des Tages zu einer Audienz.

Und so machten sie sich denn auf den Weg, ein jeder auf seinem Reittier: Muhamed mit kostbar aufgeschirrtem Araberhengst, Ganguly, auf seinem Lieblingskamel thronend, und Habakuk, hoch zu Eselin.

Sie hatten kaum mehr als fünfzehnhundert Schritte zurückzulegen. Aber da der Weg nach dem Essener Tor durch die Oberstadt, an den Lustgärten entlang und über den Gabbatha-Platz führte, blieben Hunderte offenen Mundes stehen und betrachteten aufmerksam die eigenartige Gruppe, die von drei vorausmarschierenden Soldaten angeführt und von zwei Dienern Muhameds, die ihre Dromedare am Halfter führten, beschlossen wurde.

»Wo führt ihr sie hin?« fragte ein Eckensteher die Soldaten.

»Zum König!« lautete die lakonische Antwort.

»Und wer sind diese seltsamen Heiligen?«

Ein Achselzucken antwortete.

»Dann sind es sicher drei Könige«, sagte der Eckensteher am Gabbatha-Platz spöttisch, und manche der Umstehenden lächelten oder lachten gar.

Die erste Audienz

Der König saß auf einem leicht erhöhten kostbaren Sessel in einem kleineren Saal, in welchem er sonst Botschafter, Abordnungen oder auch Bittsteller empfangen mochte, und sah den Dreien, von denen Ganguly als der Älteste zuerst eintrat, mit gelangweilter Neugier entgegen. Seine Füße standen auf dem Rücken einer großen, aus Silber gearbeiteten Schildkröte, aus deren Panzer ein elfenbeinerner Hals und Kopf hervornickten; zwei Edelsteine markierten die Augen.

Herodes machte eine einladende Handbewegung und winkte dann noch einmal aufmunternd, als die drei etwa sechs oder sieben Schritte vor ihm verhielten, und trat dann, als sie sich eben wieder in Bewegung setzten, heftig auf die Schildkröte – was ein Klingeln auslöste und zugleich ein hektisches Gelächter des Königs. Ebenso plötzlich verstummte er wieder und sagte mit leiser Stimme:

»Willkommen in Jerusalem ... Woher kommt Ihr, werte Herren?«

Er sprach in römischer Zunge; Habakuk verstand ihn sofort. Blitzschnell entschloß er sich, diesen durchtriebenen Tölpel zu übertölpeln. Er dachte: wenn man sich eines Dolmetschers bedient – und den wollte er spielen –, darf man immer mißverstehen und mißverstanden werden. Er sagte darum so bescheiden wie möglich:

»Diese Fürsten hier sprechen nur Griechisch, und auch das nur unzulänglich. Aber ich will gern als Dolmetscher dienen – wenn es willkommen ist.« Er wies auf Ganguly und sagte zu ihm:

»Ihr sollt sagen, wer Ihr seid.«

Der Inder legte die schmalen Hände vor der Brust zusammen

EGrissen

und verneigte sich mit der ihm eigenen Grazie und Würde. Er murmelte dabei etwas, was eine Grußformel seiner indischen Heimat sein mochte, und Habakuk tat, als ob er es verstanden hätte.

»Er kommt vom Indus und grüßt Euch ehrerbietig«, sagte er ernst.

»Und welches Volk oder welchen Stamm regiert er?«

»Majestät«, erwiderte Habakuk, »ich kenne den Fürsten erst wenige Tage. Ich traf die Herren in Askalon. Aber es will mir scheinen, daß er sehr mächtig ist. So mächtig, daß er die Bewunderer der Macht verachtet. Wenn ich ihn recht verstanden habe, herrscht er über eine Provinz gelehrter Männer und hat nie mit Frauen zu tun gehabt. Ich glaube, er fürchtet oder – verachtet sie.«

»Er tut gut daran«, knurrte Herodes und trat, wie zur Bekräftigung, kurz auf den Rücken der Schildkröte.

»Und der Schwarze?«

»Sein Vater ist der König von Äthiopien«, sagte Habakuk ehrfürchtig. »Und Muhamed – so ist sein Name – ist der berufene Thronfolger. Aber er begehrt den Thron seines Vaters nicht. Er will nicht herrschen.« Habakuk nickte bedeutsam. »Ja, er sucht einen anderen König, in dessen Dienst er treten kann. Er ist unglaublich stark!«

Herodes machte ein dummes Gesicht, schüttelte kurz den Kopf und flüsterte mit den beiden Hauptleuten der Leibwache, die neben ihm postiert waren. Etwas mißtrauisch fragte er: »Auch er spricht unsere Sprache nicht?«

Habakuk verneinte.

»Du wirst ihn später vielleicht fragen – später –, ob er der Anführer meiner gallischen Stabswache werden will ...« Herodes sagte es unsicher und zögernd.

»Sehr ehrenvoll«, sagte Habakuk. »Aber ich glaube, er denkt an einen neuen König, dessen Stern gerade jetzt erst über Judäa aufgeht und um dessentwillen wir von weit her angereist sind. Aber – sollten sich die Fürsten nicht setzen ...?« Er fragte es leise, fast vertraulich.

Herodes trat auf die silberne Schildkröte, gestikulierte zu einigen Dienern hin, die drei Sessel näher rückten, und fragte stirnrunzelnd und mit einigen ungeduldig zum Sitzen auffordernden Gesten: »Wo soll dieser König sein, und wie heißt er, wo regiert er?! Ich kenne keinen neuen König, nicht hier, noch irgendwo!«

Habakuk hob ausweichend Hände und Achseln.

»Habt Ihr keinen Sohn?« fragte er. »Oder erwartet Eure Frau Gemahlin nicht vielleicht einen? Verzeiht, daß wir so wenig über Euch und Euer Königshaus wissen.« Er lächelte verlegen und dachte dabei: Lüg nur drauflos, Mordbube. Auch deine Frau hast du umgebracht. Welches Weib möchte sich heute noch in dein Bett legen, um mit dir einen Sohn zu zeugen. Vielleicht würdest du den zwar am Leben lassen, weil er zu jung wäre, deinen letzten Jahren gefährlich zu werden. Aber sie selbst – – Herodes hatte sich zurückgelehnt in seinem Sessel und umklammerte die Stützen, als ob es zwei Hälse zu würgen gälte. Seine Augen schienen geschlossen. Aber durch einen schmalen Lidschlitz beobachtete er den Fragesteller mißtrauisch. Tonlos sagte er schließlich:

»Nein. Wir erwarten keinen Sohn. Aber wir sind nicht ohne Erben.«

Er verfiel wieder in trübsinniges Schweigen.

»Wir bitten ehrfürchtig, Eure Frau Gemahlin zu grüßen. Ich werde beten für sie und Euer Haus.«

Herodes trat unwillig auf den tönenden Fußschemel, aber der gab nur schwachen Laut. Er fragte:

»Und wer seid Ihr? Wo kommt Ihr her? Seid Ihr fürstlichen Geblüts?«

Habakuk wiegte den Kopf hin und her und erwiderte:

»Wenn man Wein und Wasser mischt – was ergibt das? Ich habe einen fast hundertjährigen Onkel in Alexandria; der will wissen, daß ich der Sohn eines Stammesfürsten aus der Wüste Sur bin, von einer Jüdin geboren. Aber ich gebe nichts drauf. Schon als Kind sang ich das Lied:

Meine Mutter starb mir früh.
Meinen Vater sah ich nie ...

Aber der Himmel hat es dennoch gut mit mir gemeint. Ich spreche etliche Sprachen, bin Schriftgelehrter, Philosoph und nicht zuletzt Astronom und Astrologe: ich habe es dem Himmel gedankt, indem ich ihn erforscht habe und seine Sprache zu deuten lernte.«

»Und was spricht der bestirnte Himmel über mich?« fragte Herodes ironisch.

»Daß Ihr ein gestrenger, aber gerechter Herr seid und beharrlich an Eurem unsterblichen Namen baut.«

Herodes nickte einem der Höflinge zu, die wie Puppen an den Seitenwänden saßen. »Siehst du, er meint den Tempel, an dem wir bauen.« Und zu Habakuk gewendet: »Dein Himmel ist nicht dumm. Und was meint er über den König, den Ihr sucht?«

»Er meint, daß dieser König aus Eurem Lande kommt.

Und wenn ich alle Schriften zu Rate ziehe, so sagt er die Wahrheit. Der neue König soll aus dem Hause und Stamme Davids kommen und Immanuel heißen. So hat es der große Jesaja vorausgesagt. Deine Schriftgelehrten werden es bestätigen können.«

»Ach«, meinte Herodes wegwerfend, »meine Schriftgelehrten sind Nichtsnutze und Nichtstuer. Ich werde sie drei Tage bei Wasser und Brot einsperren lassen, allesamt, und am vierten Tag werden sie mir sagen müssen, was ich wissen will. Dann wird sich zeigen, was sie wert sind. Geschichte schreibt man nicht mit Schriftgelehrten, sondern mit Generalen und Soldaten. Die Gelehrten können später aufschreiben, was geschehen ist. Aber – Euer neuer König scheint keine Truppen zu haben ...?«

»Nein.« Habakuk schüttelte energisch den Kopf. »Er soll ein Friedefürst werden – so heißt es jedenfalls. Eine Jungfrau wird ihn gebären oder hat ihn geboren. Da niemand etwas von ihm weiß hierzulande, ist er vielleicht noch gar nicht geboren. Aber sein Stern ist schon aufgegangen. Wir werden auf die Suche nach dem Verheißenen gehen! Und wenn wir ihn gefunden haben, werden wir hierher zurückkehren und Euch Meldung erstatten ...«

Herodes trat mit beiden Füßen auf seinen Fußschemel. »Das ist gut! Das ist klug!« rief er und stampfte noch zweimal auf die musikalische Schildkröte. »Ihr werdet in meinem Namen auf die Suche nach ihm gehen. Betrachtet euch als meine Gesandten, meine Kundschafter. Schreiber! He! Bring drei Schutzbriefe. Und das Siegel! Das ist gut. Das ist eine ausgezeichnete Idee. Du bis ein kluger Kopf. Wie heißt du, mein Freund?«

»Habakuk, Majestät.«

»Habakuk? Habakuk?! Wie der Prophet? So ein schöner Name! Oh, ich weiß, ich weiß. Die Umarmung – heißt das. Und du wärest wert, von mir umarmt zu werden. Aber – das hebe ich mir auf, bis du mir den neuen Gottseibeiuns bringst. Ich mache dich zum König der Schriftgelehrten, zum Fürsten des Himmels dafür. Kommt näher, meine edlen Gäste, daß ich euch meinen Ring zum Kuß reiche! Nein, erst du, dann der Alte, dann der Schwarze. Ich danke für euren Besuch? Wie heißt er? Ganguly? Ja natürlich, weil er von Ganges kommt. Und er? Muhamed. Ist das auch ein Prophet? Oder müssen wir ihn dazu machen?

Kommt, meine Fürsten, Könige, Propheten, Botschafter, Kundschafter! Ich mache aus euch, was ihr werden wollt. Ich, der große Herodes, bin allmächtig. Ich bin der Größte! Nach dem großen Augustus, versteht sich. Die Götter sollen mich vor einer Majestätsbeleidigung bewahren ...«

Er trat auf den klingenden Fußschemel und hielt sich zugleich die Ohren zu. Auch die Augen schloß er und atmete schwer.

Einer der Höflinge, sein Leibarzt offenbar, trat zu ihm und schlug ihm einige Male leicht auf die Wange.

Schließlich öffnete der König die Augen wieder. Er blickte fast furchtsam von einem zum andern. An Gangulys erstauntem Antlitz blieb sein Blick hängen. Fast bittend fragte er Ganguly in stockendem Griechisch:

»Bist du Arzt?«

Ganguly nickte. »Ja«, sagte er leise.

»Ich habe dumme Schriftgelehrte, dumme Leibwächter, dumme Ärzte«, sagte Herodes wehleidig. »Sieh in ihre Gesichter!« flüsterte er. »Da steht ihre Dummheit und Falschheit geschrieben.« Er faßte Gangulys Arm mit der Linken und machte mit der Rechten eine heftige, verweisende Bewegung. »Weg! Zurück alle!« sagte er böse. »Auf eure Plätze!« Er trat auf die Schildkröte. Aber die blieb stumm.

»Kannst du mir helfen?« fragte er den Inder verstört!

Der griff in sein Gewand, zog ein Fläschchen heraus und reichte es dem Herodes.

»Trinken ...?« fragte der furchtsam.

»Nur riechen – vier, fünf Pulsschläge lang ...« Ganguly lächelte.

Herodes zog den Pfropfen heraus und schnüffelte.

Er sagte:

»Es riecht scharf, aber gut.« Und schnüffelte noch einmal. Er atmete tief durch, führte das Fläschchen zum dritten Mal an die Nase, atmete wieder, erhob sich langsam zum Stand (wobei man sah, daß seine lockeren, üppigen Gewänder einen ziemlich verfetteten Leib bekleideten) und reckte sich und streckte sich, schnüffelte nochmals und pumpte sich auf wie ein Ochsenfrosch.

»Ich bin der Gesuchte!« schrie er. »Ich bin der Gottseibeiuns, der verheißen ist.« Er setzte sich und blickte stahlend in die Runde. »Eine wunderbare Medizin ...«, sagte er anerkennend, fast glücklich. »In Gold aufwiegen!!« schrie er übermütig, und sofort stürzte ein Höfling herbei und eilte mit dem Fläschchen davon.

»Ihr werdet wiederkehren. Ich erwarte euch!« sagte Herodes nach einer schweigenden Weile. »Es gibt keinen anderen in diesem Land, den die Verheißung meinen könnte. Keinen ... Habe ich nicht friedlich regiert? Ist Augustus, der Friedenskaiser, nicht mein bester Freund?« Er sah sich um im Kreis, und die Höflinge nickten.

Aber da kam schon der Beamte mit dem Arzneifläschchen und dem entsprechenden Goldgewicht.

»Gib!« Herodes lächelte, nahm die drei oder vier Goldmünzen, betrachtete verliebt sein Bild darauf und reichte sie dann Ganguly.

»Das Zehnfache werde ich dir geben«, sagte er, »wenn ihr wiederkehrt. Auch ich werde suchen. Wir werden sehen, wer zuerst findet!«

Er roch noch einmal an dem Fläschchen. Dann setzte er sich wieder, trat fest auf die silberne Schildkröte, die dieses Mal hellauf klingelte.

»Die Audienz ist beendet!« rief er mit fester Stimme. Beim Hinausgehen sagte Ganguly leise zu Habakuk: »Er wird nicht mehr lange leben.«

»Jeder Tag ist zu viel« lautete die Antwort.

Die zweite Audienz

Erst vor dem Stadttor konnten die Drei wieder miteinander sprechen.

Ganguly und Muhamed waren nicht wenig erstaunt, ihren Gefährten und Führer so aufgeräumt zu sehen. Sie selbst waren verwirrt und um eine sinnvolle Deutung der Situation verlegen. Habakuk aber gebärdete sich wie einer, der einen verlorenen Schatz wiedergefunden hat. »Wir waren in der Höhle des Löwen und haben ihm die Zähne aus dem Maul gestohlen, ohne daß er es bemerkt hat!« frohlockte er. »Dieser Mordwanst! Er möchte einen indischen Leibarzt und einen äthiopischen Paradegeneral aus euch machen. Oh, ich habe ihn umarmt, aber anders als er es meint.«

Und dann berichtete er den beiden kurz von seiner nächtlichen Begegnung mit dem Alten, von seinem Tempelbesuch und von seiner Entdeckung im Buche des Propheten Micha. »Wir werden finden, wonach wir hungern. Unser Ziel ist Bethlehem, und das heißt Brothaus. Auf die Reittiere!«

Und sie ritten vom Berge Sion talwärts, nach Südosten zunächst, und ließen die hochgebaute Stadt hinter sich, ein Stück auf der Straße zum Salzmeer, und dann südwestlich. Die Straße wurde steinig und führte bald wieder bergan. Es waren die heißesten Stunden des Tages, und kaum ein Baum gewährte Schatten. Aber Habakuk focht es nicht an. Warum heiße ich Habakuk, fragte er sich erheitert, und kann mich nicht einmal selber umarmen!? Die Welt ist mangelhaft. Immer braucht man zwei dazu ...

Dann kam eine Wasserstelle, von einigen Zypressen umstanden, und sie konnten ihren Durst stillen und ließen auch die Tiere trinken.

Eine kurze Weile saßen sie schweigend. Dann sagte Muhamed in die Stille:

»Was mag uns erwarten ... Zwei Könige an einem Tag ...« Er furchte die krausen Augenbrauen.

»Nein«, sagte Ganguly, »ich fürchte mich vor niemandem, weder vor diesem aufgeblasenen Herodes, noch vor einem anderen König. Ich fürchte nur eines nach so vielen Mühen, Entsagungen, Zweifeln, Erwartungen ... eine Enttäuschung.«

»Und was würde dich am meisten enttäuschen?« fragte Habakuk.

»Wenn wir nichts fänden, was eine Hoffnung nährt«, antwortete Ganguly leise, und Muhamed nickte lebhaft und meinte:

»Das ist wahr. Das wäre schlimmer als ein zweiter Herodes. Laßt uns weiterziehen. Ich berste vor Neugier und Ungeduld.«

»Ach, ihr Kleinmütigen!« schalt Habakuk. »Und wenn es an diesem Tage drei Könige zu bestehen gälte – mir sollten sie alle drei willkommen sein, wenn nur einer die Krone wert ist, die er trägt. Oder«, so schloß er leise, »wenigstens die Hoffnung am Leben läßt, daß er eines Tages einer Krone wert sein wird.«

»Reiten wir, reiten wir!« sagte Muhamed.

Sie saßen auf, und diesmal ritt Habakuk voran. Mit kurzen Schritten nahm seine Eselin den Anstieg. Muhameds Araberhengst stapfte unwillig hinterdrein. Zum Schluß ritt jetzt Ganguly, und sein Kamel trug leicht an ihm; aber er trug schwer an seiner Verzagtheit. Wie ausgehungerte Raben hockten die Jahre auf seinen mageren Schultern, und niemand auf der Welt sah die einsame Träne, die groß wie ein Sperlingsei aus seinem rechten Auge quoll und sich spurlos in seinem Bart verlief.

Etwa um die fünfte Abendstunde ritten sie in die kleine, auf einem Hügel gelegene Stadt Bethlehem ein, bewundert und verwundert, baten an zwei, drei Herbergen vergebens um ein Nachtlager und waren, noch ehe sich eine weitere zeigte, schon draußen, wo sich freies Feld zu einem zweiten Hügel wölbte. Er war, wie sich herausstellen sollte, von einer Anzahl natürlicher Höhlen durchsetzt, die Hirten und Wanderer ein Obdach finden ließen oder auch als Stallungen dienten.

Während Gangulys und Muhameds Leute auf freiem Feld, aber unweit von einer der Felsgrotten, die Zelte aufschlugen und die Lasttiere entluden, ging Habakuk den kurzen Weg zur Stadt zurück, kaufte ein frisches Brot, redete mit einigen Leuten in den Gassen und sah sich um, ob etwas Besonderes zu entdekken sei. Gerade als er die letzten Häuser wieder erreicht hatte, hörte er Schritte hinter sich, wendete sich und sah einen reinlich und einfach gekleideten Mann, der ruhig und rüstig an einem Wanderstab schritt, fast so groß, wie ihn Hirten mit sich führen. Der Mann grüßte, und Habakuk grüßte zurück, wobei er bemerkte, wie kunstvoll geschnitten und verziert der Stab an seinem gebogenen Ende war.

»Ein schöner Stab ist das!« sagte Habakuk bewundernd. »Wo findet man dergleichen? Darf ich ihn sehen?«

»Warum nicht ...«, sagte der Mann erfreut und reichte ihn Habakuk. »Ich habe ihn selbst geschnitzt, in mancher Stunde Arbeit.«

»Man könnte ihn kaufen – für gutes Geld?«

Der Mann lächelte und schüttelte den Kopf. »Diesen nicht. Dieser ist unverkäuflich und unbezahlbar. Er hat mir das Teuerste eingetragen, das ich besitze auf dieser Erde. Aber einen anderen kann ich wohl verzieren oder neu schnitzen oder verbessern. Ich habe in diesen Tagen schon aus etlichen Spatzen Singvögel gemacht. Zu Haus aber – –«

Also wohne er gar nicht hier?

Nein, nur wegen der Volkszählung sei er gekommen. Er wohne in Galiläa, in Nazareth.

»Oh«, sagte Habakuk und blieb stehn, »ich war Lehrer in Bethsan und bin auch dort geboren. Das ist gar nicht weit von Nazareth.«

»Wir sind durch Bethsan gereist, mein Weib und ich. Und dann durchs Jordantal. Eine ziemliche Reise ...«

Ach, er sei gar nicht allein?

»Nein. Und nun sind wir gar drei. Mein Weib hat geboren. Einen Knaben. Ein spätes Reis an Davids Stamm.« Er lächelte in verlegenem Stolz, sah auf, stutzte und hielt an. »Was soll das geben?« Er wies mit dem Stab auf den Lagerplatz, dem sie sich näherten. »Neue Nachbarn ...«, seufzte er. »Aber was wollen sie auch machen. Die Herbergen sind voll. Wir wohnen mit Esel und Rind in einem Höhlenstall dahinter. Aber nicht mehr lang. Und die Hirten und Feldarbeiter sind gut und helfen. Wir haben viel Besuch. Sie bringen mir ihre Stäbe, und ich verziere sie. Und so wirft mein Messer außer Spänen noch anderes ab: Käsebrocken, Butterflocken ... Sieh einer! Dromedare führen sie mit. Und sogar Kamele! Das muß eine interessante Reisegesellschaft sein. Die kommen von weit her, möchte ich meinen. Was meint Ihr?«

Er blieb erstaunt stehen. »Ihr seht so merkwürdig drein. Ist etwas? Kann ich helfen?«

Habakuk schüttelte langsam den Kopf. »Nichts ...«, sagte er lächelnd. »Nichts und alles. Alles und nichts ...« Entschuldigend fügte er an: »Ich gehöre dazu.«

»Aber was denn!« lachte der Mann. »Da muß man doch kein schlechtes Gewissen haben. Kommt nur herüber zu uns, wenn es an Rat fehlt oder an Nahrhaftem. Meine Freunde sind auch die Euren.«

Er hob seinen schönen Stab grüßend und ging quer übers Feld.

Als sie wenig später in Muhameds Zelt saßen und dieser fragte, ob es Neues gebe, bat Habakuk, drei Fragen stellen zu dürfen, ehe er berichte, was ihm soeben widerfahren sei.

»Wie viele Körner können aus einem Saatkorn erwachsen, Ganguly?«

»Unendlich viele. Die ganze Welt könnte am Ende satt werden davon«, antwortete der verwundert.

»Und welches ist die kleinste Einheit des Meeres, Muhamed?«

»Ein Tropfen ...«, sagte der, ohne lange zu überlegen.

»Und mit welchem Wesen, in welchem kleinsten Teil der Menschheit werden alle gescheiterten Hoffnungen wiedergeboren?«

»Diese Frage ist zu leicht«, sagte Ganguly.

»Mit jedem neugeborenen Kind ...«, sagte Muhamed achselzuckend.

»Dann laßt uns zu dem Kinde gehn«, meinte Habakuk ernst. »Es enthält alles Wachsende, alles Fließende und alle Hoffnung der Welt ... Aber nur die Wachsenden, die Fließenden, die Hoffenden werden es erkennen.«

Und er ging voran; es waren kaum dreißig Schritte zu gehen. Die Tür stand offen, und das schräg hereinfallende scheidende Tageslicht warf einen warmen Glanz in den Raum. Neben dem Eingang saß ein Hirtenbub, der schnitzte an Pfeil und Bogen, und der Mann unterwies ihn dabei. Vor einer Futterkrippe standen ein Schimmel, ein Esel, eine Kuh und ein Kälbchen dazu. Unweit davon saß, auf einem Schemel, ein junges Mädchen und stillte ein Kind.

Der Mann nickte ihnen lebhaft zu, wies mit der einen Hand auf die Mutter und führte den Zeigefinger der anderen an die Lippen: sie sollten das anmutige Bild wahrnehmen, aber nicht stören.

Er selbst sah mit unverhohlenem Staunen in die fremden Gesichter und mit sichtbarer Freude darüber, daß so seltener Besuch seine karge Unterkunft beehrte. Er zeigte ihnen, nicht ohne Stolz, den Schimmel und klopfte ihm den Hals – die anderen Tiere gehörten dem Besitzer des Stalls, der ihrer Not abgeholfen habe und ein guter Mensch sei.

Und dann kam auch die junge Mutter näher und zeigte das Neugeborene, das wie alle Neugeborenen aussah und im Schlaf noch ein wenig die rosigen Lippen bewegte, die eben noch gesäugt hatten. Sie lächelte glücklich und ein wenig verschämt. Und Ganguly dachte, daß sie von anbetungswürdiger Schönheit und Jugend sei, und Muhamed entzückte sich an der Apfelblüte ihrer Wangen, und Habakuk mußte plötzlich einer Jugendliebe gedenken, die nie von seiner Leidenschaft erfahren hatte, und wurde von einer Zärtlichkeit ergriffen, die seine Hände und Lippen zittern machte.

»Sie ist ganz göttlich«, flüsterte er den Gefährten zu. Aber die verstanden nicht, was er sagte, weil im gleichen Augenblick Schalmeienklänge zu hören waren: zwei junge Hirten kamen herein und brachen etwas erschreckt ihre Melodie ab, als sie die Fremden sahen, legten ein Stück Käse und stellten einen Krug mit frischer Milch ab und wollten rasch wieder gehen, aber Habakuk sagte:

»Nein, nein. Ihr müßt weiterspielen. Etwas *ganz* Schönes ...«

Indessen hatte der Mann ein Brett aus der Ecke geholt und es über zwei Holzklötze gelegt, so daß unsere Drei nicht mehr stehen mußten. Er hieß sie Platz nehmen und ein wenig zusammenrücken, damit er sich zu ihnen setzen konnte. Er schälte jedem eine Feige, indem er den Stiel festhielt und mit vier, fünf vorsichtigen Einschnitten die Haut ablöste, und reichte die geschürzte Frucht vorsichtig am Stiel zu. Und während die beiden jungen Hirten eine neue Melodie zu flöten begannen, kamen zwei ältere, und der eine hatte eine kleine Zymbel, mit der er den Takt schlug, und der andere blies oder summte mit den Lippen die merkwürdigsten Baßtöne, so daß selbst Ganguly lächeln mußte.

Die junge Mutter hatte inzwischen das Kindchen neu gebündelt und am Ende der Futterkrippe ins Stroh gebettet und machte ein Zeichen, daß sie nun etwas leiser sein müßten. Und weil das Kind ein wenig greinte, sang sie ihm eine kleine wortlose Meldie, in die der eine Hirt mit der Flöte einfiel, aber so leise, wie eben nur ein Mensch musizieren kann, der den Ton mit der zärtlichsten Seelenkraft bildet, mit seinem Atem.

Als sie sich endlich aus dem sanften Bann lösten, der sie wie gefangen hielt, war die Dunkelheit unversehens eingefallen, und als sie hinaustraten vor den Stall, war der Abendstern schon am Firmament zu sehen. Genau über ihnen aber stand noch ein anderer Stern am blaßblauen Nachthimmel.

Habakuk wies auf ihn und sagte, indem er die Hände der Gefährten ergriff:

»Wir sind am Ziel, meine Freunde. Das Saatkorn ist gelegt.«

Hearing an der Krippe

Als sich alles, was Menschenantlitz trug, zur Ruhe begeben hatte, trat Cleo ihren ersten Erkundungsgang an.

Katzen lieben es nicht, Nebenrollen zu spielen; außerdem schlafen sie gern, wenn andere wachen. Auch Lärm und Unruhe sind ihnen zuwider. Leiser als alle Stille war Cleos Gang, als sie sich, nach einem Seitenblick auf den bereits sanft schnarchenden Muhamed, zum Zeltausgang bewegte. Der war verschlossen – für Menschen. Cleo unterlief ihn mit einem geschmeidigen Taucher, überquerte bedachtsam die dreißig oder fünfunddreißig Menschenschritte, welche das Zelt vom Stall entfernt stand, fand einen Lattenspalt und betrat ungehört den von einem Windlicht nur schwach erhellten Raum.

Das Kind schlief am Rande der Krippe; man hatte durch ein Brett seine kleine Schlafstatt abgesondert, so daß Futter- und Bettstroh nicht durcheinander geraten konnten. Aber auch ohnedies hätte kein Tier es außer mit wärmendem Amtem berührt.

Alle Drei standen noch: der zierliche Schimmel Marias, dann der Esel des Stallbesitzers und die Kuh. Das Kälbchen hatte sich bereits gelegt. Aber ihr lautloses Gespräch und die vielsagenden Blicke, die sie miteinander getauscht hatten, waren verstummt.

Wahrscheinlich wollten Esel und Rind abwarten, bis der Schimmel sich gelegt hatte, vor dem sie um so größere Achtung verspürten, als er so gar nichts Hochtrabendes an sich hatte. Vielleicht hatten die Sanftmut und Liebenswürdigkeit seiner Herrin auch sein Wesen geläutert.

Aber da schnellte plötzlich Cleo auf den Krippenrand, setzte sich nach einigen zögernden Schritten und blickte erwartungsvoll und leicht belustigt nacheinander in drei sich weitende Augenpaare.

Der Schimmel schnaubte leise, der Esel wechselte die Standbeine. Der Kuh entfuhr es leises »Nanu!« – freilich ein so leises, daß nur das »nu« zu vernehmen war. »Ich hoffe«, sagte die Katze, »nicht zu stören. Ich reise in Begleitung des großen Schwarzen und heiße Cleo. Mein Herr heißt Muhamed.« Sie leckte sich, angeregt durch die Helle des Schimmels, die beiden einzigen weißen Haare, die sie – fast unsichtbar – auf der Brust trug. Wie winzige Anführungsstriche.

»Da bist du weit gereist«, meinte der Schimmel gutmütig. »Ich komme nur aus Nazareth, etwa sieben Tagesreisen von hier.« Er wendete ermunternd den Kopf zu den beiden anderen Riesen, als wollte er auch sie zu einer Äußerung bewegen. Aber da diese hier zu Haus waren, nickten sie nur verlegen und schwiegen.

»Ja, wir sind ziemlich lange unterwegs«, erwiderte Cleo. »Wie lange, das weiß ich nicht. Außerdem mache ich die Reise ja nicht zu Fuß.« Sie schüttelte sich kurz. »Freilich, freilich«, meinte der Schimmel, »mit so kurzen Beinen kämest du auch nicht weit ...« Der Esel nickte beifällig.

»Auf die Ausmaße der Glieder kommt es nicht an«, sagte Cleo gelassen, »sondern auf die Proportionen und die besonderen Fähigkeiten. Sonst müßtest du mit deinen langen Ohren ja die Engel im Himmel singen hören können.«

»Ich *habe* sie gehört! Ja!« Der Esel stampfte mit dem Huf auf und stellte die Ohren.

»Ich möchte niemanden kränken«, sagte Cleo und kratzte sich kurz, als wischte sie diesen Punkt von der Tagesordnung. »Aber wer sind diese netten Leute, denen ein so hübscher Schimmel gehört?« Sie rückte ein wenig näher an den Schimmel heran und streifte wie zufällig mit dem Schwanz über seine rechte Nüster.

Der Schimmel nickte zweimal, wie bestätigend. »Sie sind wirklich gut und freundlich und von besonderem Geschlecht dazu. Sie haben Könige und Propheten unter ihren Vorfahren!«

»Man sieht es ihnen nicht an ...«

»Nein, man sieht es ihnen nicht an. Sie sind ein bißchen verarmt. Aber dein Herr, der schwarze Muhamed, wird wissen, weshalb er die weite Reise hierher unternommen hat.«

Cleo zog es vor, darüber nichts zu sagen. Sie balancierte mühelos auf dem Krippenrand zu dem Winkel, in welchem das Kindchen schlief, betrachtete es aufmerksam und kehrte langsam zu ihrem Ausgangspunkt zurück.

»Nun?« fragte die Kuh. Es klang, als sei sie in ihrer Mutterehre gekränkt.

»Ist es ein Junge oder ein Mädchen?« fragte Cleo sachlich.

»Ein Sohn!« sagte der Esel. »Welche Frage!« Da er die Engel gehört hatte, war er ganz sicher. Er wechselte einen fast mitleidigen Blick mit seiner Nachbarin, die nur den Kopf schütteln konnte.

»Um es dir genau zu sagen«, begann der Schimmel, »– es handelt sich hier um kein gewöhnliches Kind. Ich habe es schließlich mitsamt seiner Mutter hierher getragen. Und auch schon zuvor, wenn wir zu den Wochenmärkten ritten und Gemüse einkauften! Sie wog so leicht ...« Der Schimmel trippelte, als wolle er sich auf die Hinterbeine erheben. Hätte es sich nicht um einen biederen israelischen Schimmel gehandelt – man hätte glauben können, der Berufung oder Erschaffung des Pegasus beizuwohnen.

»... ja, so leicht, daß ich zuweilen glaubte, nicht ich trüge sie, sondern *sie* mache mich geradezu schweben, fliegen – – –«

Der Schimmel schüttelte sich, als wollte er ein Joch abwerfen, eines, das er freilich gar nicht trug.

»Ich weiß nicht«, fügte er verlegen an, »wie ich mich ausdrükken soll ... Hörst du mir auch gut zu?!« schnaubte er in unwilliger Verlegenheit Cleo an.

»Soweit meine kleinen Ohren ausreichen ...«, erwiderte diese, sich zweimal mit der Pfote übers Ohr streifend. »Erzähle nur weiter ... Gibt es, außer der Mutter, auch einen Vater zu dem Kind in der Krippe?«

»Sieh den wunderschönen Stab da!« sagte der Schimmel und wies ziemlich herrisch mit einem Ruck seines Kopfes in die Ecke, wo Maria und Josef ihr Lager hatten.

Cleo blickte in die gewiesene Richtung und sah den Stab. Er war schräg gegen die Stallwand gelehnt.

»Was ist mit dem Stab?« fragte sie höflich.

»Hört gut zu!« sagte der Schimmel und nickte auch auffordernd zu seinen Stallgefährten herüber. »Es hat seine Bewandtnis damit. »Er atmete tief, ehe er fortfuhr: »Wenn bei uns in Nazareth eine Braut besonders begehrenswert erscheint und sich mehr als ein Bewerber meldet, dann will es die Sitte, daß alle Kandidaten ihren Wanderstab, wie stumme Fürsprecher, in das Gotteshaus bringen und dort an einem Seitenaltar aufstellen. Sind alle Stäbe dann beisammen, so wählt der Priester einen – meist wohl den Schönsten – aus, und seinem Besitzer wird dann die Braut zugesprochen. Und weil Josef, der Nachkomme des Königs David, den schönsten Stab aufgestellt hatte, wurde ihm meine Herrin zugesprochen – wiewohl er schon ein älterer

Mann war. So kam der gute Meisterschnitzer Josef zu der schönen Jungfrau Maria.«

Der Schimmel nickte zweimal bekräftigend und kostete dann schweigend den Nachhall seines Berichts in den Herzen der so verschiedenen Kreaturen. Es herrschte nachdenkliches Schweigen.

»Ja, ja ...«, meinte der Esel versonnen, und die Kuh nickte dazu; sie mochte darüber nachdenken, wie wenige Umstände man sich ihretwegen bei der Hochzeit gemacht hatte, und war plötzlich ganz wirr im Kopf. Sie brummte elegisch und legte sich, schwerfällig, aber doch sorgsam darauf bedacht, das schlafende Kälbchen nicht zu wecken, nieder. Und als ob damit das Zeichen zur Nachtruhe gegeben wäre, legte sich auch der Esel. Geschichten, die von Stäben und Stöcken handelten, verursachten ihm meist ein leichtes Unbehagen. Zudem war es spät genug. »Ja, ja ...«, gähnte er unverbindlich und räkelte sich, bis er die rechte Lage gefunden hatte.

Allein Cleo war wach und der Stunde gewachsen. Sie streifte noch einmal zartfühlend das redselige Maul des Schimmels mit ihrem Schwanz und meinte, mit einem Blick auf das schlafende Paar:

»Er könnte fast ihr Vater sein.«

»Er *ist* wie ein Vater.«

»Sie ist sehr zart und schön. So etwa würde ich mir einen Engel vorstellen ... Du kennst Engel?«

Der Schimmel nickte ernst. »Erst seit kurzem«, schloß er einschränkend an. »Seit das Kind da ist.«

»Wie sind Engel?«

»Das ist sehr schwer zu beschreiben. Für mich duften sie wie würziges Heu. Oder wie ganz junge Gräser.«

»Das sagt mir wenig«, gestand Cleo. »Sieht man sie denn überhaupt nicht?«

»Oh doch. Aber sie sind dreimal weißer als ich, und ihre Bewegungen sind doppelt so leise wie die deinen.«

»Und wenn sie singen? Muß man Eselsohren haben, um sie zu hören?«

Der Schimmel wieherte, unterbrach sich aber sofort. Schuldbewußt blickte er auf das Kind in der Krippe. »Ich glaube«, sagte er, »daß nur der sie hören kann, der sie hören will. Sie sind etwas wie Frühlingswind oder Mondlicht oder Blumenduft.«

»Du hast eine sehr anmutige Art, dich auszudrücken. Der Dienst bei diesen Menschen ist dir sehr gut bekommen ...«

Cleo fügte an: »Aber auch ich muß sehr zufrieden sein. Mein Herr ist sehr gut zu mir.«

»Ihr paßt auch gut zusammen, du und dein Herr.«

Cleos Schwanz formte ein Fragezeichen.

»Schwarz zu Schwarz ...«, scherzte der Schimmel.

Aber Cleo ging nicht darauf ein – sie hatte ein leises Rascheln vernommen, spitzte die Ohren und bekam einen gespannten, fast lauernden Ausdruck in die gelben Augen.

»Was ist?« fragte der Schimmel leise.

»Ich höre etwas ...«, antwortete Cleo noch leiser.

»Einen Engel vielleicht ...?«

Cleo antwortete nicht, aber ihre Pfoten und Krallen begannen zu atmen. Schließlich, als die gespitzten Ohren des Schimmels in ärgerlicher Nervosität zu zucken anfingen, sagte sie lakonisch in die atemlose Stille:

»Eine Maus.«

Und dann fügte sie, flüsternd hinzu:

»Ich empfehle mich nun. Ich habe dich lange genug aufgehalten mit meiner Fragerei. Darf ich danken und mich entschuldigen für die ungebührliche Inanspruchnahme ...«

»Nichts zu danken und nichts zu entschuldigen, Frau Kitze, Frau Katze«, lautete die gedämpfte Antwort. »Man gibt, was man hat.«

Hier ist dein Gott!

Der Skythe Irrbit war am großen Strom vom Winter überrascht worden und legte Weile an den Tag, wo vielleicht Eile geboten gewesen wäre.

Daß er die Erkältung überstand, bedarf kaum der Erwähnung. Er hatte die beste Pflege, die sich denken läßt, eine so gute, daß er keinen Tag zu früh das Krankenlager verließ. Aber einer Weiterreise stellten sich doch, hätte er sie auch mit Eifer betreiben wollen, eine Reihe von Hindernissen in den Weg.

Die klimatischen Probleme waren wechselnd; diese Schwierigkeiten wären bei gutem Willen wohl überwindbar gewesen. Das Eis bedeckte nur die Ränder des breiten Stromes, und das schadhafte Hausboot war längst wiederhergestellt. Der Skythe hätte die Weiterfahrt um so eher wagen können, als das Wasser ja nach Süden zog, wärmeren Zonen zu.

Aber auch zu Lande hätte er dem Stern der Artimpaasa nachreisen können. Seine Pferdchen waren wetterfest und schnell, und das ausgebesserte Boot war jetzt gewiß nicht weniger wert als eines der beiden Pferdchen, das sein Gastgeber gern als Entgelt für seine Arbeit gehabt hätte. Nur kauft ein Fischer keine Fische und ein Schuster keine reparierten Schuhe.

Natürlich spielte auch das Seelische in diesem Falle eine nicht zu unterschätzende Rolle. Und da die Seele im Leibe haust, kann auch dieser nicht übersehen werden. Mara hatte nicht nur seelenvolle Augen, in deren Tiefen und Untiefen Irrbit sich nur zu gern versenkte, sondern auch eine handfeste Oberfläche. Aber – ein rechter Schamane muß oder sollte den Göttern mehr gehorchen als den Menschen, und Irrbit hatte einen göttlichen Auftrag übernommen, vor dem die Empfehlungen einer Mutter nur vorübergehend Gewicht haben können.

So gab es mancherlei zu erwägen und bedenken, und der letzte Schluß war noch längst nicht gezogen, als die Dinge überraschend in Bewegung kamen.

Ob die Liebe sich der List bediente, ob väterliche Sorge hier Vorsorge traf, ob Geständnisse abgelegt, entlockt oder erzwungen waren, soll offen bleiben. Ausschlaggebend war zu guter Letzt der Umstand, daß Mara, wenn auch erst in späteren Monaten, Mutterfreuden entgegensah und daß auch unter Skythen und anderen Steppenvölkern die Väter viel davon halten, daß ihre Enkelkinder nicht ohne Vater bleiben. Daß in diesem besonderen Fall die Großmutter nicht mehr lebte, also der Großvater Vaters Statt in doppelter Hinsicht hätte übernehmen müssen, könnte zu raschen Entschlüssen beigetragen haben.

Auf jeden Fall gab es ein ernstes Männergespräch, das nicht

um Pferde oder Boote ging, sondern um Frauen und Kinder; und am Ende dieser Unterhaltung wurde der Termin für die Hochzeit vereinbart.

Der amtlichen – wohlgemerkt. Und weil der Segen von Vater und Sippe, der von nun an auf diesem Bunde ruhte, die Beziehungen der beiden Liebenden nicht nur bestätigte, sondern auch aufs angenehmste und anheimelndste vereinfachte, sagte Irrbit nicht nur zu seiner Mara, sondern auch zu sich und seinem Schicksal ein aufatmendes Ja.

Mara war jung und kräftig, von Kindesbeinen an mit Hausarbeit vertraut, und des Schwiegervaters Stimme galt etwas unter den Männern der Siedlung. Und wohlhabend war er auch. Als die Hochzeit, die zwei Tage dauerte und bei der Irrbit kühne Reiterkunststückchen zeigte, sich ihrem Ende zuneigte, hatte der Skythe nur einen traurigen Gedanken: daß seine alte Mutter nicht bei diesem Fest zugegen war und nicht in Maras Augensterne blicken konnte, die in diesen Tagen und Nächten so hell strahlten und so dunkel erglühten wie sonst nichts am Himmel und auf Erden.

Das Jahr rundete sich. Der Winter schied. Der Frühling brach aus allen Schollen und Poren. Und als die Blüten sich eben in kleine Früchte zu verwandeln begannen, gebar Mara einen gesunden Sohn, den sie Irrbit nannten, weil sein Vater für sein Leben gern und nie genug das Kosewort Irrbitjewitsch hören konnte.

Sie waren eine glückliche kleine Familie, und jedermann wollte ihnen Freund sein. Seht, wie gut sie es getroffen hat, die Mara! sagten die Mädchen und Frauen. Und die Männer sagten: Dem Irrbit hat der beste Fisch an die Angel gebissen. Und die Alten sagten von Maras Vater: Glück hat er mit seinem Schwiegersohn ...

Aber dann kam der Sommer übers Land mit donnernden Gewittern und brausenden Sandstürmen, mit funkelnden Nachthimmeln und jubilierenden Morgenstunden. Die Wasservögel schrien wie wild. Die Pferdchen tummelten sich übermütig auf der Weide. Der Strom führte viel Wasser und rauschte schneller als je, und man sah die Fische springen.

Da begann Irrbits Blut leise zu brodeln, und seine Gedanken gingen auf Wanderschaft, und um besser fliegen zu können, bedienten sie sich seines Gewissens. Kann es eine angenehmere Art von schlechtem Gewissen geben? Wozu bist du aufgebrochen? fragte er sich im stillen. Einen Gott wolltest du suchen, ferne im Süden. Eine Göttin hatte dich ausgesandt. Einem Schwiegervater bist du ins Netz gegangen, Irrbit, Irrbitjewitsch, was ist aus dir geworden ...

Er mußte mit Mara reden. Sie war jung und stark und hatte schnelles Blut in den Adern. Da lag ein heiles Boot. Da weideten ein paar schnelle Pferdchen. Muß man jeden Tag am gleichen Tische hocken? Jeden Tag dieselben Gesichter sehen, dieselben Redensarten gebrauchen?

Er ging mit ihr eines schönen Morgens an den Strom, wo man die Boote und kleine Schiffe vorüberziehen sah, wo die Segel sich im Wind blähten und das Wasser sich kräuselte, und erzählte ihr von seiner Jugend, seinen Schamanen-Jahren, seiner alten Mutter und ihrem Abschiedswunsch, der sich nun so unerwartet schön und bald erfüllt habe und wie glücklich er mit ihr und dem kleinen Irrbitjewitsch sei, ganz glücklich und zufrieden – bis auf den einen Punkt eben: daß er ungehorsam geworden sei der Göttin Artimpaasa und seinem eigenen Vorsatz ungetreu, den Stern zu suchen, den sie geboren und ins Weltall habe fallen lassen, damit den Skythen ein neuer Gott erwachse, dem Irrbit den Weg bereiten solle.

Und er sprach von seinen Gewissensbissen, von seinem großen Auftrag, und auch ein wenig von der Furcht, die ihn manchmal beschleiche: die Göttin könnte ihm zürnen und ihn strafen und sein neues Glück zerstören, seines und das Maras ...

Mara hörte aufmerksam zu und verstand wohl, daß er Hummeln im Kopf hatte und daß es ihn in die Welt zog. Aber die Sache mit dem Stern wollte sie nicht verstehen.

Wie könnte man denn einen Stern finden, der ins Weltall geworfen sei, zumal ein Jahr nach seinem Sturz? Die Erdmutter sehe und spüre man, den Himmelsvater desgleichen, die Mondtochter, den Sonnensohn – alles faßbare, sichtbare Gottheiten. Aber die Geschichte mit dem Stern ...? Das sei ein Traum gewesen, und man wisse doch recht gut, was die Menschen für ungereimtes Zeug zusammenträumten.

Aber Irrbit meinte, daß Träume schon ihre tiefere Bedeutung hätten, auch wenn man nicht alles so wörtlich nehmen dürfe. Die Götter sprächen ihre eigene Sprache. Vielleicht sei die Zeit nun reif, daß die Götter zu den Menschen kämen.

Als Sterne?

Vielleicht *mit* den Sternen. Oder *auf* ihnen ...

In Menschengestalt also?

Warum nicht ...

Mit Flügeln etwa? Wie die Reiher oder Störche?

Irrbit schwieg ungnädig. Nach einer Weile des Nachdenkens sagte er:

»Wenn die Mondgöttin von einem kleinen Gott gesprochen hat – warum sollte dieser kleine Gott nicht als Kind geboren werden? Was wissen wir Menschen, was den Göttern möglich ist ... Vielleicht stehen wir am Beginn eines ganz neuen Zeitalters ...?«

Ein Kind als Gott? Ein Gott als Kind? Das schienen Mara nicht weniger abwegige Gedanken. Aber irgend etwas hielt sie ab, ihren Widerspruch weiterzutreiben. Sie wollte nur noch wissen, wie er unter Tausenden, ja Hunderttausenden diesen kindlichen Gott herausfinden wolle.

Nun, sie würden reisen, mit allem, was sie an beweglicher Habe hätten, mit Kind und Kegel sozusagen. Bis ans Meer trage sie das Boot. Dann wären die Pferdchen da. Man könnte einen Wagen eintauschen.

Da unten im Süden fließe Milch und Honig, und die Sonne scheine das ganze Jahr.

Und wie das Kind finden, das gesuchte? Unter Tausenden, Hunderttausenden? Und woran er es erkennen wolle? Und sie immer mit dem kleinen Irrbitjewitsch hinter dem großen Irrbit her, der ein göttliches Kind suche? Ach, er sei doch selber ein Kind, wenn er solchen Hirngespinsten nachhänge.

Der Mensch müsse etwas wagen, meinte er trotzig, und Gottvertrauen haben. Die Mondgöttin, die alles angestiftet habe, werde ihnen schon den rechten Weg weisen! »Dann reise mit deiner Mondgöttin!« sagte sie und ließ ihn sitzen, wo er gerade saß.

Drei Tage lang sprach sie kein Wort mit ihm, und sie blickte ihn auch nicht an. Und weil der Himmel mit Wolken bedeckt war und reichlich Regen floß, schien ihm die Welt gar so dunkel, ungastlich und liebeleer, daß er beim Nachtmahl fragte, ob der Schwiegervater vielleicht Möglichkeiten sehe, das Boot gegen einen geräumigen Wagen zu tauschen; er verspüre den Wunsch, seine Mutter zu besuchen und ihr Mara und Irrbitjewitsch zu zeigen, damit sie erfahre, daß ihr Herzenswunsch in Erfüllung gegangen sei.

In der darauffolgenden Nacht leuchteten zwei Sterne besonders hell über Irrbitjewitsch und machten die Welt wieder freundlich und gastlich und liebereich. Und ein rechter Schamane will ja, daß Frieden, Liebe und Gastlichkeit auf der Welt herrschen. Darum auch sagte er vor dem Einschlafen noch wie im Selbstgespräch zu sich, aber so, daß es nicht zu überhören war:

»Recht hat sie, recht hat sie. Wie soll man auch unter Tausenden ein bestimmtes Kind finden ...«

Mara aber, die zweifelnde, wußte am anderen Morgen Erstaunliches zu berichten: Artimpaasa sei ihr im Traum erschienen und habe ihr verraten, wo das gesuchte göttliche Kind zu finden sei.

Und sie nahm Irrbit bei der Hand und führte ihn ans Wiegenbett von Irrbitjewitsch und sagte nicht ohne Nachdruck:

»Hier ist dein Gott!«

Und weil dieses Wort mit dem ersten Lächeln des Kindes zusammentraf, war die Welt für Irrbit wieder in Ordnung.

Schlimme Gerüchte

Die Frage, wie man unter vielen Tausenden ein bestimmtes Kind herausfinden könne, stellte sich noch einem anderen Gottsucher, freilich einem von besonderer Art.

Er hörte auf den Namen Herodes. Und wenn sich sein Geist in den letzten Jahren seiner Regierungszeit auch zunehmend trübte oder von Schwermutsanfällen überschattet wurde – in einer Hinsicht blieb er bis an die letzten Stunden klar und scharfsinnig: wenn es um mögliche Rivalen oder Nachfolger ging.

Die sonderbaren Heiligen, die er sich da hatte vorführen lassen – dieser offenbar recht gescheite und gebildete Jude aus Alexandria, dieser dekorative, aber wahrscheinlich harmlose Marabu aus Indien und dieser offenbar so gut wie sprachlose Äthiopier –, suchten einen, der in ihren Hirnen Königswürden trug. Oder tragen sollte. Oder tragen wollte!

Das klang fantastisch, märchenhaft, eigentlich lächerlich. Aber die Juden erduldeten natürlich nur zähneknirschend die römische Fremdherrschaft und erhofften sich vom Schicksal insgeheim einen Befreier, einen Erlöser, einen – wie sie es nannten – Messias. Es fehlte ihnen in dieser Hinsicht nicht an Prophezeiungen und Anspielungen – sie waren die Prügelknaben der Geschichte und darum wohl besonders anfällig für jede Art Aberglauben. Und wenn die alten Griechen ihre Pythia befragten, die Römer sich ihre Sibyllen hielten – warum sollten dann ausgerechnet die Juden ohne Okkultismus auskommen? Es ist ja nicht von Belang, was man von solchen Dingen hält. Wichtig allein ist, daß diejenigen, die daran glauben, bereit sind, Berge zu versetzen. Und wenn sie das am Ende auch nicht zustande bringen, so fangen sie auf jeden Fall doch an zu graben und untergraben einiges, das einstürzen könnte.

Es war also durchaus kein sinnloses Unternehmen, diese jüdischen Buchstabenklauber, Gesetzeshysteriker, Glaubensfanatiker in die Klausur zu schicken und ihnen aufzutragen, ihre heiligen Schriften und Bücher nach Hinweisen, Andeutungen oder gar direkten Auskünften zu befragen. Innerhalb von drei Tagen würden sie spätestens herausgefunden haben, was an diesen Fantastereien Greifbares sei.

Aber noch ehe man dies herausgefunden hatte, konnte man die Spur aufnehmen lassen, von der man bereits erfahren hatte. Der Alexandriner hatte einen Namen genannt. Es konnte nicht schaden, wenn man sich alle diejenigen einmal vorführen ließ, die auf den Namen Immanuel hörten ...

Es war Habakuk, der davon zuerst erfuhr: Die Bäckersfrau, bei der er sich zwei Tage zuvor schon einen Laib frischen Brotes, das er so gern aß, gekauft hatte und deren traurige und besorgte Miene ihn zu teilnehmender Frage bewog, erzählte ihm von einem Trupp Soldaten, der das Städtchen nach jenen Halbwüchsigen durchstreift hätte, die Immanuel hießen.

»Sie haben gesagt, der König erwäge eine Schenkung an alle Träger dieses Namens und die Aufstellung einer Tempelgarde aus ihnen. Sie kämen auf allerhöchsten Befehl und müßten die Buben mit nach Jerusalem nehmen. Sieben Stück haben sie aufgetrieben, und der meine ist der jüngste; erst zwölf Jahre alt. Was werden sie anstellen mit dem Kinde ... Dieser schreckliche Idumäer! Man weiß doch, daß er vor nichts zurückschreckt. Und mein Mann ist außer Hauses. Der wird schön schelten, wenn er heim kommt. Aber was sollte ich machen? Morgen muß er nach Jerusalem und sehen, was sich dort tut!«

Ach, Habakuk hatte sie nur mit halbem Herzen trösten können. Er ahnte Schlimmes. Schnurstracks eilte er zu den Gefährten und berichtete die Neuigkeit. Und was alle Beredsamkeit Habakuks, aller Liebreiz der jungen Mutter, alle Freundlichkeit des Mannes, aller Zauber des ärmlichen, aber idyllischen Ortes, alles Licht über ihnen und alle Sehnsucht in ihnen nicht bewirkt hatte, das bewirkte nun die Gefahr, die er mit glühenden Zungen für das Kind heraufbeschwor.

»Ein König in einem Stall ...«, hatte Ganguly gestern noch kopfschüttelnd gesagt, als sie nach der Rückkehr im Zelt beisammensaßen.

»Was ist wichtiger«, hatte Habakuk scharf zurückgefragt, »der Stall oder das Kind?!«

Und Muhamed fügte zur Freude Habakuks hinzu:

»Das Große ist selbst im Mutterleib groß.«

Aber nun waren sie nicht auf eine noch fragwürdige Größe angesprochen, auf die Verteidigung eines Herrschenden – jetzt verlangte die Schwäche nach Schutz, rief das Recht nach den Gerechten.

»Es geht um das Kind«, sagte Habakuk ernst. »Heute kann alles noch Laune eines Spielers, eines Narren sein. Morgen oder übermorgen, wenn ihm die Schriftgelehrten aus den Weissagungen unserer Propheten vorlesen werden und seine Angst aufsteht, kann blutiger Ernst daraus werden.«

»Was hat ein bald Siebzigjähriger von einem Neugeborenen zu fürchten ...«, wandte Ganguly ein und schloß:

»Das müßte schon eine Bestie sein ...«

»Er ist eine!«

»Und wir«, sagte Muhamed, »wir sollten doch seine Kundschafter sein. Wir reisen mit seinem Schutzbrief. Wenn er uns aufspürt und feststellt, daß wir gefunden haben, was wir suchten – –?«

»– so sind wir des Todes!«

»Und wie schützen wir unser Kind?« Ganguly blickte von einem zum andern.

»Wir müssen es verbergen ...« Aber Muhamed wußte nicht, wie das geschehen könnte.

»Nein, nein.« Habakuk schüttelte verweisend den Kopf. »Wie sollte das denn durchzuführen sein – bei so vielen Soldaten, Spitzeln und Kopfjägern? Wir müssen das Kind in Sicherheit bringen. In ein anderes Land!«

»Nach Ägypten? Oder in mein Land?!« Muhamed zitterte vor Tatendrang.

»Ja, sie müssen fliehen«, stimmte Habakuk zu. »Wir alle müssen fliehen. Und besser heute als morgen.«

Sie schickten nach dem Vater des Kindes. Er kam, und sie sprachen mit ihm: daß Gefahr im Verzug sei für das Kind und sie alle.

»Seltsam«, sagte der Mann und schüttelte rätselnd den Kopf, »ich hatte in der letzten Nacht einen Traum, an den ich mich immer wieder erinnere. Ein Bote – ich mußte an den Engel denken, der den Tobias zur Reise auftrieb – erschien mir und mahnte mich, aufzubrechen mit den Meinen, aber nicht heimzukehren nach Nazareth. Nimm das Kind und seine Mutter und flieh – nach Ägypten! sagte er. Ihr seid in Gefahr. Aber – ich habe ein gutes Gewissen, und daheim wartet meine Werkstatt auf mich. Und nun ratet auch Ihr mir zur Flucht ...?« Er fiel ins Grübeln. »Was fange ich an in einem fremden Land? Und die weite Reise ...«

»Mut, mein Freund! Mut!« sagte Habakuk. Wir reisen alle

zusammen. Du und dein Weib, ihr gehört zu unserem Troß. Und in Alexandria wird keine Not sein für einen tüchtigen Mann wie dich!«

»Aber wie verbergen wir das Kind? Man wird uns vielleicht aufhalten und ausfragen. Und das Kind wird weinen ...«

»Ja. Das muß bedacht sein.« Habakuk wandte sich an die Gefährten. »Was tun wir, daß uns des Kindes Schreien nicht verrät?!«

Ganguly lächelte. Das sei nicht schwer. Wenn er alte Könige zum Leben erwecken könne, dann könne er auch Säuglinge schlafen machen. Er habe Essenzen und Arzneien genug bei sich. Man solle ihn nur sorgen lassen.

Und wie man das Schlafende verberge?

Da werde sich Rat finden lassen.

»Wann brechen wir auf?« wollte der Mann wissen. Und ob er dann, wenn er wie bisher zu Fuß gehe, nicht die Reise sehr verzögere?

Aber auch dafür gab es eine Lösung. Ganguly stiftete die Goldstücke, mit denen ihm Herodes das Fläschchen hatte aufwiegen lassen, für den Ankauf eines Reitesels. Und da einer im Stall stand, ließ Habakuk den Besitzer rufen, und man wurde handelseinig mit ihm. Der Mann bekam von Habakuk noch eine Schachtel mit Weihrauchkörnern dazu, und Muhamed gab ihm für seine Frau noch ein Fläschchen duftenden Myrrhenöls.

Und so war auch dieser Mangel behoben.

Man beschloß, alles soweit vorzubereiten, daß man kurz nach Morgengrauen aufbrechen konnte, und einen Weg zu wählen, der die Städte vermied. Für Fälle von Gefahr aber dachte sich Muhamed aus, daß er den schlafenden Säugling in seine große Leibbinde betten und einen kleinen Bauch vortäuschen werde, der ihn bei seiner Statur wohl kleiden werde. Sonst stünde für das Kindchen Cleos Reisekorb zur Verfügung.

»Ich decke das Kind mit meinem Leibe«, schloß er.

Das war etwa um die gleiche Stunde, da Herodes die Schriftgelehrten entließ und alle Hauptleute eilends in seinen Palast entbot, der von den drei berühmten Türmen gekrönt war, welche die Namen trugen: Hippikos, Phasael und Mariamne. Diesen

Hauptleuten aber trug er auf, sie sollten mit ihren Unterführern und Soldaten alle Säuglinge im ganzen Land ausfindig machen und nach Jerusalem bringen. Sie sollten aber leise tun und sanft reden mit den Müttern: daß es eine Schutzmaßnahme sei, weil unter den Jüngsten eine Seuche ausgebrochen wäre in Jerusalem, die durch die Volkszählung ins ganze Land getragen werden könnte. Man würde ihre Kinder von den tüchtigsten Ärzten untersuchen und, notfalls, heilen lassen. Er hatte aber nur eine Medizin vorgesehen: den Tod.

Flucht und Errettung

Die Flucht war beschlossen, und da sie beizeiten angetreten wurde und alle Beteiligten Klugheit und Vorsicht walten ließen, gelang es, das bedrohte Kind zu retten vor dem Zugriff des eifersüchtigen Tyrannen, eines zum Tode verurteilten Blutsäufers, der seine vergehende Existenz mit dem Opfer zahllosen eben erblühten Lebens zu erhalten trachtete und auf den das Wort des Jeremias gemünzt sein könnte:

> Der Tod ist zu unseren Fenstern eingefallen und in unsere Paläste gedrungen, die Kinder zu würgen auf der Gasse und die Jünglinge auf der Straße.

Seine Taten und Untaten sind im Buch der Geschichte verzeichnet. Nicht verzeichnet ist ein nach der Heimkehr aus der Emigration Josefs, des Zimmermanns und Holzschnitzers, niedergeschriebener Versuch, diese Flucht darzustellen, die ohne die Hilfe der drei Magier und Weisen schwerlich gelungen wäre.

Sie fanden den Weg zur Geburt. Sie ermöglichten die Flucht aus Todesgefahr und damit die spätere Heimkehr ins Vaterland: dreimal Verlangen, Weisheit und Liebe – dreifache Geburt.

Geburt des ewig ersehnten Friedefürsten, der nach Micha unter den großen Völkern Gericht halten wird, damit sie ihre Schwerter endlich zu Pflugscharen und ihre Speere zu Sicheln machen und kein Volk mehr wider das andere ein Schwert aufhebt und nicht mehr Krieg führen lernt.

Der Bericht des Zimmermanns

Fast habe ich ihre Namen vergessen ... Der eine
war hager und älter – mit silbernem Haar.
Ich glaube, ein Inder. Er war von jenen
Dreien am längsten gereist. Dann war noch
der Schwarze, ein Fürst oder Häuptling
vom oberen Nil, ein Atlas, Herakles
mit einer Seele wie Zunder. Der dritte
hieß Habakuk, war vom Schicksal verschlagen
ins Land unsrer Flucht, nach Alexandria.
Fromm und gelehrt, Jude wie wir, doch
wie ein Messer geschliffen und federnd
wie eine Bogensehne.

Wir beide waren bescheiden beritten,
Esel bei Esel, indessen die andern,
zumal die Diener, hoch zu Kamelen und
Dromedaren reisten. Ausgenommen meine
Maria auf ihrem Schimmel und ihr zur
Seite, ein schützender Schatten, der Mohr
auf dem Araberhengst. Sie war so jung
und schwach noch von der Geburt und
bangte ums Kind, um sein Leben.

Wir brachen auf, als sich der Himmel
zu röten begann. Bethlehem schlief noch.
Die Vögel regten sich eben im Laub. Ach,
schwer war mein Herz ... Wer geht schon
gern außer Landes? Heimstatt und Werkstatt
ließ ich zurück, Sprache und Nachbarn.
Hätte ich nicht die neuen Freunde gewußt,
die mit Zuspruch und Tat unsere Nöte
zwingen halfen, ich weiß nicht – –

Wir waren drei Tage auf Nebenstraßen
südwärts geritten. Beschwerlicher Weg.
Die Mühe lohnte: keiner behelligte uns.

Wir litten zwar manchmal Mangel an Frucht
oder Wasser – aber der jungen Mutter
fehlt' es an nichts. Ihr gab man den letzten
Bissen und Schluck, damit sie ihr Kindchen stillen konnte,
das immer nur schlief.
Schlief oder trank. Der findige Inder
hatte aus Kräutern ein Säftlein bei sich.
Mit dem ward ein Stückchen Tuches getränkt;
an ihm sog das Kind und schlief dann –
fast wie ein Totes.

Es nahte die Grenze und mit ihr Gefahr.
Es war der Schwarze, der sie mit Listen umging.
Er und der Inder, sie zogen mit Troß und Gepäck
voraus. Nur Männer! Einschließlich dessen,
den er tief schlafend an seinem Herzen,
hinübertrug, während wir jüdischen Bürger
– der Alexandriner, Maria und ich – betend
und bangend verharrten, bis uns die Stunde
günstig erschien und das Kindchen gerettet,
das eins war und alles für uns und die
Dreie. (So schien es.)

Man fragte uns aus. Ich war Habakuks Diener.
Das Mädchen, die – Frau? Die ist eine Magd
des Herrn da. Und der zeigte sich – herrisch!
In allen Sprachen war er zu Haus und wies
Zöllner und Legionäre streng in die Schranken.
Wunder der Sprache, beredsamer Zunge!
Wie glotzende Kälber hielten sie alle Maulaffen feil,
verschlangen Maria mit gierigen Blicken,
vergaßen sogar, nach dem Kinde zu fragen,
(um dessentwillen sie Häscher zu spielen
hatten) und – ließen uns ziehn.

Zwei Stunden später, an einer Biegung
standen da Zelte, sahn wir uns wieder!
Es war, bei Gott! eine zweite Geburt.
Es stand der Mohr – Muhamend hieß er! –

am Wege und hatte das Kindchen im
Arm. Er sah uns und hob den schreienden
Heiland hoch in die Luft, als hielt' er
das Licht der Welt, der Hungernden Brot,
den Rettungsanker, und gab ihn der
lächelnden Mutter lächelnd zurück. Und
auch dem Vater. –

Alles andere schien fast alltäglich. Die
Fremde, das Eingewöhnen, die Arbeit ...
Habakuk war uns ein unermüdlicher Helfer.
Er blieb uns am längsten. Es waren dennoch
kärgliche Jahre. Und Heimweh ist Heimweh.
Dann aber ward uns der Tod des Tyrannen
Herodes gemeldet. Und dies war wie eine
dritte Geburt.

Doch eins war mir stets und bleibt wie ein Wunder:
daß diese Weisen, wie ferne Gestirne, uns
nahe kamen, ganz nah, und entschwanden
im All und in Nichts. Ich denke oft noch
an diese Dreie zurück, wie man denkt an
Kindheitstage, an zärtlichste Augenblicke,
an trotzigen Mut und an kühne Hoffnung
auf endlichen Frieden.

Ich kanns nicht vergessen ...

Der Engel der Verkündigung

Ich sah den Engel der Verkündigung,
den Zeugen des Gezeugten, den Trompeter
in der Nacht
(da frierende Hirten über die Wolle gewacht
der Schafe von reichen Herren
und glücklichen Pächtern,
Wolle, Schafe, Hirten, Herren
aus allen Geschlechtern ...),
den Engel sah ich, und ich sage: Dung
ist der Arome Krone gegen die faden Schwaden,
mit denen dieser U-Bahnschacht war geladen.
Leicht angetrunken war ich und trieb wie ein Kork
über der Mitternachtslauge von New York.

Ich stand mit vielen an dem grauen Bord
des Bahnsteigs III, da setzte drüben der Himmelssohn
an den verhärmten Mund sein blechernes Megaphon
(Hürden aus jähem Tod,
begrenzten die Schienenstränge
des müden Herdenviehs apathisches Gedränge) –
er hob's und näselte schleppend sein Engelswort:
»Hört Freunde, Leute!
Euch ist der Heiland erschienen.
Tut Buße, Leute!
Ihr könnt euch den Himmel verdienen!«
Rief's, angetan mit der Armut des Krippenherrn, –
da kam aus dem Tunnel glotzend des Buglichts Stern.
Ein Zug fuhr donnernd ein. Stand saugend da.
Wie Spülicht brach's aus
und schoß in die stählernen Karren,
verschluckte für dreißig Sekunden
den himmlischen Narren
(der hielt, wie schützend,
sein Instrument vors Gesicht

und sprach zu sich selber, verloren:
Fürchte dich nicht!) –
verschluckte ihn, spuckte ihn aus. Ich sah
die zerbeulte Posaune im Arm
ihn den Übergang queren
und herunterkommen, die Hürde III zu belehren.
Und wieder leierte er in näselndem Ton
die Slogans der himmlischen Agitation.

»Das Heil ist nah! Macht nicht die Augen zu!«
Die Leute hörten's, sahen auf und verlegen fort.
Ins Leere, scheppernd, fiel des Verkündigers Wort.
Erlösend nahte, den glotzenden Stern am Bug,
auf fiebernden Schienensträngen der letzte Zug. –
Da erhob sich der Engel und flog in die Third Avenue
(wo den Ärmsten die Seele im Leib verdorrt) –
und deckte mit seinen wärmenden Schwingen,
daß sie nicht trostlos zugrunde gingen,
Sweet Mary, Old Joe und Young Jesse zu.

Indes fuhr'n die andern davon, leidlich bequem.
Fuhr keiner der Leute nach Bethlehem.

Sehr mäßig. Überaus mäßig. Aber ich hatte ja gleich das Gefühl: Bleib bei der alten Marke. Was man kennt, das kennt man. Das ganze Getue mit den Festartikeln ist doch nur Absatzrummel. Der Fest-Kaffee, die Fest-Gans. Na ja, und die Fest-Zigarre. Kostet 1,20 Mark das Stück. Siebzig Pfennig die Zigarre, fünfzig das Fest. Ärgerlich. Aber ich wußte es ja. Deshalb ärgert's mich ja so.

Merkwürdige Sache, so'n paar Festtage. Bis unter den Weihnachtsbaum wird gejagt und gehetzt. Dann heißt es: Feiern! Nicht bloß ausruhen, Feierabend machen, nee: richtig feiern, stillsitzen mit dem Hosenboden und die Seele fliegen lassen. Festfreude! Freude allein tut's nicht. Festfreude muß es sein. Wie mit der Zigarre.

Könnte ganz hübsch sein; ist sogar ganz hübsch. Aber es könnte noch hübscher sein, wenn diese dumme Vorfeierei nicht wäre. Erst am 19. die Weihnachtsfeier im Werk, mit zwei Monster-Tannenbäumen. Dann am 20. das Weihnachtsessen im Klub. Mit Edeltanne. Am 21. die Bescherung im Waisenhaus. Einfache Tanne. Am 22. dann Anstandswauwau bei der Konkurrenzweihnachtsfeier gespielt. Wieder zwei Monster-Tannen. Am 23. – was war am 23.? Nee, da war nichts. Wieso war am 23. keine Weihnachtsfeier? Kaum zu fassen. Offenbar bin ich dadurch ganz aus der Übung gekommen, Festfreude zu entwikkeln. Oder warum sagte Hiltrud gestern plötzlich so pikiert: Kannst du dich denn gar nicht mal'n bißchen mehr freuen!? Sie hat immer noch die Bühne im Kopp. Da lernt man sogar das Heulen und Zähneklappern.

Ich wäre ja am liebsten in den Schnee gefahren; und der Junge auch. Ganz raus aus der Gewohnheit! Aber die weibliche Seele nistet im Heim. Soll sie. Haben's gemütlich. Sehr gemütlich sogar – bis auf die paar neuen Bilder, die ich dem neuen Malerfreund von Trix abkaufen mußte. Mag die Abstrakten nicht. Nicht Fisch, nicht Fleisch. Sparen sogar mit der Farbe – aus Wahrheitsliebe angeblich. Aber an mein Chefporträt für das

Werk traut er sich nicht ran. Spricht aber offenbar an bei meinen Damen.

Aus is'se. Man soll beim Rauchen nicht zuviel denken. Man sollte drei Tage überhaupt nicht denken. Das erholte! An nichts denken! Keine Bilanz, keinen Auftrag, keine Reise, keinen Geschäftsbesuch. Auch nicht an Zigarren. Ich sollte überhaupt nicht mehr rauchen. Es ist die pure Nervosität. Vor allem nicht so mäßige Sorten.

Ich könnte mit Schwunghammer telefonieren – der würde sicher aushelfen. Oder zu »Hammelschotten« fahren und mir dort ein paar mitnehmen. Ein kleines Pils könnte auch nicht schaden. Es spitzt den Appetit an für den Truthahn.

Gans wäre mir eigentlich lieber gewesen. Aber Gans ist zu bürgerlich, meint Hiltrud. Wenn der Chauffeur Gans ißt, muß der Chef mindestens Kapaun essen, sonst ist die soziale Marktwirtschaft nicht in Ordnung. Sonst ist das kein Festmahl. Magenerweiterung als Standesmerkmal. Wie lange kämpfe ich schon um Grünkohl mit Brägenwurst. Ich werde mal mit Ottos Frau reden. Sie werden ja nicht immer Gans essen.

Wer bloß die vielen Bücher lesen soll. Na, mir soll's gleich sein. Immerhin: drei Tage keine Zeitung; da steckt eine echte Chance für unsere Literatur. Vielleicht nehme ich mir den Bestseller mal vor, von dem sie alle tuscheln. Mir scheint, die Geschmäcker ändern sich sehr. Ich habe keine Zeit dazu, meinen Geschmack zu ändern. Man wird auch älter ...

Wie war's eigentlich vor dreißig Jahren? Das muß man schon sagen: Welches Wunder – durch Gottes Fügung. Jung war man ja noch, jung, hoffnungsvoll und aussichtslos. Ohne es zu wissen, 1949 war es hoffnungslos, aber aussichtsreich. Auch ohne es zu wissen. Das Leben hat seine Tragik. Wenn man sich endlich in die Lage versetzt sieht, aufzubauen, baut man schon ab. Oberleutnant am Westwall möchte ich nicht wieder sein, aber erst 25 schon. Am besten 45 in heutiger Position. Das wäre ein guter Kompromiß.

Ich werde Emmelmann heute abend mal anrufen, gutes Fest wünschen und so weiter. Und dann nach diesem komischen Sanatorium fragen. So beiläufig. Ehe ich Mitte Januar nach drüben fliege, sollte ich zehn Tage ausspannen. Auf lactovegetabiler

Grundlage. Trennkost, Weizengel. Ein bißchen Entfettung. Kleine Blutwäsche. Auch der Körper verschmutzt, nutzt sich ab. Das bißchen Festfreude kann das nicht schaffen. – Immerhin. Man soll's nicht schmähen. Die Sache mit dem kleinen Pils und einer besseren Zigarre ist nicht schlecht. Bewegung schadet auch nicht. Man kann nicht immer im Sessel sitzen und Festfreude mimen. Man muß sie auch haben können! Ich werde mal mit Otto telefonieren, ihn fragen, ob er für ein Stündchen zu haben ist, oder ein gutes halbes? Soll mich zu »Hammelschotten« fahren.

Netter Kerl, dieser Otto. Sein Festtag ist mir natürlich heilig. Aber ein knappes Stündchen? Kriegt 'nen blauen Schein extra. Na ja, den Leuten geht's ja nicht schlecht. Immerhin – ich möchte nicht Chauffeur bei mir sein.

Sterne gibt es …

Sterne gibt es
mancherlei Art:
Angefangen bei den zeitlosen,
glühenden Körpern im Weltraum
bis zu den blitzenden auf
Uniformen, befrackten Bäuchen,
denen auf Fahnen, Schulterstücken
und Koppelschlössern, den
Sternen der Drohung an neuen
Geßler-Hüten – dort,
wo man die Freiheit sichelt
und Ketten hämmert:
trennende Sterne.

Einmal im Jahr aber
taucht aus der Tiefe der Weltnacht
ein anderer Stern: milder als Wasser,
das den Stein überwindet, und stärker
als der Große Bär, den schon ein paar Wolken
ins Dunkel verjagen:
Kind der großen uralten
Vater- und Muttergestirne,
aus dem Gesetz beharrender
Schwerkraft entlassen in
das neue Gesetz
bewegender Liebe.
Kindstern und Kinderstern.
Stern überm Kinde.

Wenn er aufgeht, verblassen,
erblinden die Flittersterne,
und die Kokarden
werden zum Lügenmal

auf der Stirn der Gewalt.
Die Schwäche lächelt.
Ihr unangreifbares Licht
bündelt die Bajonette
diesseits und jenseits,
ruft die Leute aus ihren
Stuben und Häusern,
dem Schatten des Hasses, dem toten
Winkel der Vorurteile –
sie stehen und sehen
den Stern.

Der aber wirft sein Licht,
und unaufhaltsam, wie Luft geht,
geht es durch Drahtverhaue,
Sperrgürtel, Minenfelder,
über Gräben und Grenzen,
atmet und ruht auf *einem*
Land. Und in *einer*
Sprache sagt der eine zum andern:
Sieh doch den Stern ...

Rudolf Hagelstange im List Verlag

Und es geschah zur Nacht
Mein Weihnachtsbuch
224 Seiten mit
11 Illustrationen von HAP Grieshaber, Frans Masereel und Eduard Prüssen, Leinen.

Tränen gelacht
Steckbrief eines Steinbocks
256 Seiten mit 10 Abbildungen, Leinen.

Der große Filou
Die Abenteuer des Ithakers Odysseus mit Leben und Legende Homers.
215 Seiten mit 12 zweifarbigen Illustr. nach Holzschnitten von Hansen-Bahia. Leinen.

Spielball der Götter
Aufzeichnungen eines trojanischen Prinzen.
346 Seiten, Leinen.

Venus im Mars
Liebesgeschichten aus dem Zweiten Weltkrieg
Sonderausgabe
310 Seiten, Leinen.

Der schielende Löwe
Die Puppen in der Puppe
Reiseimpressionen aus Amerika und Rußland.
374 Seiten, Leinen.

Reisewetter
Erzählungen und Berichte, Landschaften, Länder und Leute, Reiseskizzen.
301 Seiten, Leinen.

Ägäischer Sommer
Mit 13 Zeichnungen von Richard Seewald.
94 Seiten, Leinen.

Der sächsische Großvater
Erzählung.
117 Seiten mit 7 Illustrationen von Eduard Prüssen, Leinen.

Spiegel des Narziß
Spiel in 5 Bildern.
111 Seiten. Kartoniert.

Trias
Drei heilsame Erzählungen.
155 Seiten. Leinen.

Lyrik

Ausgewählte Gedichte
96 Seiten. Leinen.

Venezianisches Credo
80 Seiten, bibliophiler Pappbd.

Gast der Elemente
Zyklen und Nachdichtungen. 1944–1972.
305 Seiten, Leinen.